Christoph Giesa

ECHTE HELDEN, FALSCHE HELDEN

Was Demokraten gegen Populisten stark macht

W0105278

DROEMER ✪

Besuchen Sie uns im Internet:
www.droemer.de

Aus Verantwortung für die Umwelt hat sich die Verlagsgruppe
Droemer Knaur zu einer nachhaltigen Buchproduktion verpflichtet.
Der bewusste Umgang mit unseren Ressourcen, der Schutz unseres Klimas
und der Natur gehören zu unseren obersten Unternehmenszielen.
Gemeinsam mit unseren Partnern und Lieferanten setzen wir uns für
eine klimaneutrale Buchproduktion ein, die den Erwerb von Klimazertifikaten
zur Kompensation des CO_2-Ausstoßes einschließt.
Weitere Informationen finden Sie unter:
www.klimaneutralerverlag.de

Originalausgabe September 2020
© Droemer Verlag
Ein Imprint der Verlagsgruppe
Droemer Knaur GmbH & Co. KG, München
Alle Rechte vorbehalten. Das Werk darf – auch teilweise – nur mit
Genehmigung des Verlags wiedergegeben werden.
Covergestaltung: total italic, Thierry Wijnberg
Satz: Adobe InDesign im Verlag
Druck und Bindung: CPI books GmbH, Leck
ISBN 978-3-426-27809-3

2   4   5   3   1

Für V. und A.,
weil Eure Zukunft mein Ansporn ist.

Einige Anmerkungen vorab

Dieses Buch kommt ohne Gendersternchen, Neutralisierung, Binnen-I oder andere Formen der genderneutralen Sprache aus. Dahinter steckt keine Abneigung gegen den Versuch, Sprache gerechter zu gestalten. Vielmehr haben alle Formen ihre Vor- und Nachteile. Was wiederum bedeutet, dass ich es nie allen recht machen kann. Also nutze ich, solange es für den Lesefluss nicht nachteilig ist, an vielen Stellen die männliche und weibliche Form, an anderen Stellen nur die männliche oder nur die weibliche Form. Selbstverständlich gilt alles, was ich schreibe, gleichermaßen für alle Geschlechter, egal ob männlich, weiblich oder keines von beiden.

Vorab auch noch ein Wort zu den verwendeten Beispielen. Selbstverständlich gebührt Frauen der gleiche gesellschaftliche Rang wie Männern. Eine ausgeglichene Gewichtung der Beispiele nach Geschlechtern ist aufgrund der langsamen Entwicklung der Gleichstellung in unserer Gesellschaft derzeit leider unmöglich. Dafür bitte ich um Nachsicht. Ich hoffe sehr, dass sich dieses Problem nicht mehr stellt, wenn meine Tochter und mein Sohn eines Tages das Erwachsenenalter erreicht haben.

INHALT

Prinzipien für Helden
137

Helden sein statt Helden brauchen
209

Dank
217

DAS FEHLENDE PUZZLETEIL

Die Würde des Menschen ist unantastbar.« Was für ein Satz! In roter Schrift auf schwarzem Grund ist der erste Artikel auf dem Titel des neuen, schicken Grundgesetzes nicht zu übersehen. In vielen Buchhandlungen ist diese Version seit einiger Zeit für zehn Euro zu erstehen. Prominent platziert und im A4-Format eines Magazins aufbereitet, soll sie den Bürgerinnen und Bürgern, also uns, die Verfassung unseres Landes wieder näherbringen. Es soll attraktiv sein, danach zu greifen, darin zu blättern, sich inspirieren zu lassen. Klar, so wirkt der Text gleich ganz anders als in diesen kleinen, wenig kreativ gestalteten und aus der Zeit gefallen wirkenden Broschüren, die man aus der Schulzeit kennt. Aber ist das wichtig? Und wenn ja, warum?

Die Macher hinter der neuen Version des Grundgesetzes beschreiben ihre Motivation in kleiner Schrift auf Seite 6 versteckt. Der Dank für den Anstoß gelte dem Wissenschaftsjournalisten Ranga Yogeshwar. Er habe als Gast in einer Talkshow von Markus Lanz festgestellt: »Das Grundgesetz ist sensationell. Das ist die Nation.« Und weiter: »Wer es nicht gelesen hat, sollte es durchlesen. Es ist toll!« Aus dieser ansteckenden Begeisterung heraus sei die Idee entstanden, das Grundgesetz »erstmals gut lesbar zu gestalten«.

So viel Emotion für einen Gesetzestext ist selten. Früher hätte mich das irritiert, inzwischen kann ich sie nachvollziehen. Denn inzwischen weiß ich: Das Grundgesetz hat einen wesentlichen Anteil daran, dass dieses Land derzeit die beste Version seit seinem Bestehen ist. Deshalb habe ich mir auch ein Exemplar des schön gestalteten Heftes gekauft.

Um an diesen Punkt zu kommen, musste ich allerdings einen Prozess durchlaufen. Auslöser war ein berufliches Projekt, in dessen Rahmen ich mich eine Weile mit der Entstehungsgeschichte und der Auslegung des Grundgesetzes intensiver beschäftigen durfte. Das hat etwas mit mir gemacht. Und ich bin mir sicher, dass solch eine Erfahrung auf viele Menschen in diesem Land einen ähnlichen Effekt haben würde. Doch wer hat schon die Möglichkeit dazu? Ich vermute, dass viele von uns die Schönheit und die Kraft unseres Verfassungstextes nicht besonders gut kennen. Dass er deswegen bei kaum jemandem solche Emotionen wie bei Ranga Yogeshwar auszulösen vermag, ist nur der Beginn einer umfassenderen Problembeschreibung.

Ich glaube, dem Grundgesetz geht es wie so vielen Dingen, die irgendwie immer da sind. Beziehungen und Freundschaften etwa laufen Gefahr, dass man sie irgendwann als gegeben hinnimmt und sich nicht ausreichend kümmert. Erst wenn sie nicht mehr da sind, merkt man, was einem fehlt. Doch dann ist es häufig zu spät.

Erst wenn uns Unrecht geschähe oder etwas aus dem Ruder liefe, wenn der Staat uns bespitzelte, unsere Bürgerrechte zu beschneiden versuchte oder die Presse unter Druck setzte, würden wir uns vielleicht die Zeit nehmen, die entsprechenden Artikel unserer Verfassung nachzulesen und darüber zu diskutieren, wie man ihnen zur Durchsetzung verhelfen kann. Doch was könnten wir in diesem Moment noch ausrichten? Wie scharf wäre das Schwert des Grundgesetzes noch, wenn dieses faktisch bereits außer Kraft gesetzt wäre?

Dieser Gedanke ist alles andere als abwegig, wie ein trauriger Blick nach Ungarn offenbart. Dort wurde im Windschatten der Corona-Pandemie der Rückbau von Grundrechten so weit vorangetrieben, dass Ishaan Tharoor in der *Washington Post* schrieb: »Coronavirus kills its first democracy.« Dabei war Ungarn lange das Vorzeigeland, was die Transformation von einer sozialistischen in eine liberale Gesellschaftsordnung anging.

Es ist gut, dass zumindest im größten Teil der Europäischen Union, aber auch in vielen anderen liberalen Demokratien rund um die Welt, diesen Impulsen widerstanden wird. Und dass dies selbst in absoluten Ausnahmesituationen wie während der Pandemie in der ersten Jahreshälfte 2020 gilt. Doch sollte man sich deshalb nicht stolz und zufrieden zurücklehnen. Genau dieses Gefühl – das Gefühl, dass die Regeln unseres Zusammenlebens wie in Stein gemeißelt sind, dass die Ideen des Grundgesetzes niemals wieder ernsthaft infrage gestellt werden dürften – hat eine Lücke gelassen. In diese Lücke stoßen seit einigen Jahren Populisten und Radikale trickreich, durchdacht und mit aller Wucht hinein und erzielen deutliche Landgewinne. Wer hätte das noch vor ein paar Jahren geahnt?

»Unglücklich das Land, das Helden nötig hat«, schrieb Bertolt Brecht 1938 in *Leben des Galilei*. Dieser Satz beschreibt einen wesentlichen Teil des Selbstverständnisses der erst gut zehn Jahre später geborenen Bundesrepublik. Wenn Patriotismus überhaupt wieder vorstellbar sein sollte, dann nur in einer ungefährlichen, zahmen Form namens Verfassungspatriotismus. Jede Form der Personifizierung war unerwünscht, Emotionen in der Politik wurden und werden fast nur als Sinnbild von Populismus diskutiert.

All das ist mit Blick auf die deutsche und europäische Geschichte durchaus verständlich. Nach dem nationalsozialistischen Horror fühlten sich zunächst die verantwortlichen Politiker und nach und nach auch eine immer größere Zahl der Deutschen zu tiefster Rationalität verpflichtet. Nur so glaubte man ein für alle Mal sicherstellen zu können, dass »Auschwitz nie wieder sei«, wie es Theodor W. Adorno formuliert hat.

Lange überwog die Angst vor dem »Heldenkult«, wie es Bertrand Russell in seinem Aufsatz *Die geistigen Väter des*

Faschismus nannte, alles andere. Immerhin hatte dieser uns einerseits in den Faschismus und andererseits in seinen Zwilling, den Kommunismus, geführt. Die Geschichte lehrt uns also: Wer zu sehr auf starke Führer setzt, stellt die Demokratie infrage.

Nun muss man solche Festlegungen allerdings im Kontext ihrer jeweiligen Zeit betrachten. Unter dem Eindruck zweier Weltkriege kann man jeden Menschen verstehen, der nach 1945 nichts mehr von großen Emotionen, von Heldinnen und Helden hören wollte. Doch muss man das heute, unter dem Eindruck der Ereignisse der letzten Jahre, noch genauso sehen?

Wir erleben trotz der ständig beschworenen Mäßigung ein Umsichgreifen des Gefühls, dass die Stimmung tatsächlich kippen könnte. Das hübsch aufgemachte Grundgesetz und das häufiger in Meinungsbeiträgen auftauchende Bekenntnis zum Verfassungspatriotismus sind in diesem Kontext kein Beweis dafür, dass es um die Verfassung unseres Landes besonders gut stünde. Nein, ganz im Gegenteil. Es handelt sich vielmehr um zwei Symptome einer äußerst unguten Entwicklung. In den Beschwörungen schwingt die Hoffnung mit, dass das Grundgesetz so etwas ist wie die Antwort »42« in Douglas Adams' Roman *Per Anhalter durch die Galaxis* – die Antwort auf alle wichtigen Fragen. Doch genau wie die »42« im Roman niemanden wirklich weiterbringt, hilft uns unser Verfassungstext alleine nicht weiter.

Aus diesem Grund mischen sich in den zur Schau gestellten Verfassungspatriotismus zunehmend sorgenvolle Bezüge auf die Weimarer Republik. *Bonn ist nicht Weimar* lautete 1956 der plakative Titel eines Buches des Journalisten Fritz René Allemann, der über die Jahrzehnte zu einem häufig bemühten Bonmot wurde. Doch heute spüre ich in dieser Hinsicht eine beunruhigende Unsicherheit in weiten Teilen der Bevölkerung.

In der Vergangenheit war es genau dieses Gefühl der Verunsicherung, das die Menschen nach furchtlosen Führern rufen ließ, die ihnen Orientierung geben sollten. Es waren genau diese Momente, in denen neue Wege beschritten wurden, die häufig in den Abgrund führten.

Es sind aber auch genau diese Situationen, in denen Heldensagen ihren Anfang nehmen können. Nicht nur Populisten und Diktatoren sind geborene Krisengewinnler, sondern auch Heldenfiguren. Sie tauchen in ausweglosen Situationen auf, wenn die Gefahren groß, die Möglichkeiten gering und die Hoffnungen verloren scheinen. Dann wendet der Held alles zum Guten. Er stellt sich gegen den Tyrannen, die feindliche Übermacht oder die Lüge. Auch wenn er sich dabei opfert, hat er der guten Sache gedient, die weit über seinen Tod hinauswirkt.

Mangels Tyrannen und übermächtiger Feinde waren sich die großen Denkerinnen und Denker des bundesrepublikanischen Geisteslebens – Philosophinnen, Journalisten, wichtige Politikerinnen und Politiker – weitgehend einig, dass diese Art von Helden in Deutschland kein Mensch mehr braucht. Doch was, wenn die Alternative bedeutet, dass man den Populisten kampflos ein wichtiges Feld überlässt? Der Wunsch nach starken Persönlichkeiten, die vorangehen, ist derzeit so deutlich wie lange nicht zu spüren. Darauf braucht es eine demokratische Antwort.

Wie passt diese Beobachtung damit zusammen, dass so viele Menschen wie nie zuvor selbstbestimmt leben und ihre Arbeit auch dann erledigen, wenn ihnen kein Vorgesetzter auf die Finger schaut? Ist das nicht ein unauflösbarer Widerspruch? Auf den ersten Blick mag das so wirken. Allerdings hat der renommierte Führungsexperte Reinhard K. Sprenger bereits 2012 festgestellt, dass auch in Zeiten flacher Hierarchien und dicht geknüpfter Netzwerke Führung weiterhin unabdingbar bleibe. »Nach nichts sehnen sich die Menschen mehr als nach einer kraftvollen Führungsidee und einem Menschen, der sie verkörpert«, ist er überzeugt.

In den vergangenen Jahrzehnten war es die Stellung in der Hierarchie oder der Titel – Geschäftsführer, Pfarrer, Gewerkschaftsführer –, die zur Führung berechtigten. Heute sind es das Auftreten und die Rhetorik, die Fähigkeit, soziale Medien zu bespielen und die Menschen bei den Emotionen zu packen, die zu zählen scheinen. Das muss man nicht gut finden, aber man kann es auch nicht ignorieren.

Der zurückgenommene, wenig emotionale Verfassungspatriotismus ist das genaue Gegenteil dieser Vorstellung. Dessen bekanntestes Gesicht ist das der scheidenden Bundeskanzlerin. Oder wie der Soziologe Harald Welzer es in einem Beitrag für den *Stern* formuliert hat: »Ruhige Zeiten haben keine Helden, die haben Angela Merkel.«

Angela Merkel selbst würde Welzers Aussage sicher als Kompliment verstehen. Eine Politikerin an der Regierungsspitze zu haben, die gegen den Populismusvirus vollkommen immun zu sein scheint, kann wahrlich nicht jede westliche Demokratie von sich behaupten. Aber leben wir denn in ruhigen Zeiten?

Zu Beginn der Corona-Krise, um ein Beispiel aus der jüngeren Vergangenheit zu bemühen, hätte man sich ein klareres Durchgreifen an der einen oder anderen Stelle gewünscht. Dass bis Anfang April 2020 Flüge aus dem Hochrisikogebiet Iran ohne weitergehende Kontrollen der Passagiere in Deutschland landen durften, ist nur ein Beispiel für die negativen Seiten von Merkels »ruhiger Hand«. So angenehm und nüchtern ihr Kommunikationsstil in Krisensituationen sein mag, so wenig angenehm ist die Zurückhaltung, wenn es um wichtige Entscheidungen geht.

Die prägenden Gesichter der Corona-Krise waren dann auch andere. Etwa die Ministerpräsidenten Markus Söder und Armin Laschet, die Virologen Drosten, Kekulé, Streeck und

Brinkmann. Oder die vielen plötzlich zu Helden und Heldinnen erklärten Menschen an der Corona-Front, von Ärztinnen und Ärzten über das Pflegepersonal bis hin zu den tapferen Menschen an den Supermarktkassen. Schwierige Zeiten brauchen eben Menschen, die Lösungen anbieten und handeln, nicht Zögerer und Zauderer.

Während die Blazer der Kanzlerin seit 2005 höchstens ihre Farbe ändern, beginnen selbst Fans der Kanzlerin zu spüren, dass ihr Vorbild nicht ausreicht, die Menschen im Land immun gegen antidemokratische Einflüsse zu machen. Ganz im Gegenteil. Merkels kühle Art provoziert äußerst emotionale Gegenreaktionen, die bis tief hinein in die Mitte der Gesellschaft verfangen – und dabei Maß und Mitte längst verloren haben. Nichts scheint mehr undenkbar, nicht einmal Gewalt auf den Straßen.

Das Bild des reinigenden Gewitters, nach dem wieder alles glänzt und glitzert, wurde nicht nur heute, sondern bereits vor Beginn des Ersten Weltkriegs häufig gebraucht. Der Glaube daran greift sogar unter jenen Bürgerinnen und Bürgern um sich, die in einem solchen Prozess eine Menge zu verlieren hätten. Pure negative Emotion übertrumpft längst alle Rationalität. Doch woher kommt diese emotionale Explosion? Und warum bricht sie sich gerade jetzt Bahn?

Alexis de Tocqueville liefert dafür einen interessanten Erklärungsansatz. Er hatte bereits rund um die Französische Revolution im Jahr 1789 beobachtet, dass der stärkste revolutionäre Impuls gerade in den Gegenden zu spüren war, wo in den Jahren zuvor bereits die größten Schritte aus der Knechtschaft gelungen waren. Es scheint also kein Widerspruch zu sein, sich gegenüber einem vergleichsweise gut funktionierenden, aber natürlich auch nicht perfekten System besonders unduldsam zu zeigen. Der Philosoph Odo Marquard schrieb dazu: »Je mehr Negatives aus der Wirklichkeit verschwindet, desto ärgerlicher wird – gerade weil es sich vermindert – das

Negative, das übrig bleibt.« Besser kann man es kaum formulieren.

Die liberale Demokratie hat sich zwar nach und nach gegen die konkurrierenden Systeme durchgesetzt. Der Niederlage der Monarchie folgten nacheinander die des Faschismus und des Kommunismus. Doch nun offenbart sich ein Problem, das anscheinend jedes Unternehmen, jeder erfolgreiche Sportler und jede Idee hat, die als überragend, einzigartig und erfolgreich wahrgenommen werden. Der Verdruss über die vermeintliche Alternativlosigkeit nimmt zu, der Ruf nach Veränderung wird laut. Selbst Ideen, deren Unzulänglichkeit sich bereits erwiesen hatte, wirken plötzlich wieder jung und interessant.

Als Nutznießer dieser Entwicklung hat sich in den letzten Jahren die Alternative für Deutschland (AfD) etabliert. Zwar bietet diese keine Lösungen für die Herausforderungen unserer Zeit. Das wurde spätestens in der Corona-Krise deutlich, als es wirklich um etwas ging. Auf einmal hörte und las man von der AfD und ihren Hausmedien kaum mehr etwas. Das lag allerdings nicht daran, dass diese ihre Arbeit eingestellt hätten. Es waren die Menschen, die die Botschaften zuvor noch massenhaft über die sozialen Medien multipliziert hatten, die plötzlich anderes zu tun hatten. Die staatstragenden Parteien und Medien dagegen erreichten plötzlich wieder eine Menge Menschen, die man schon auf Dauer verloren geglaubt hatte.

Man kann daraus schließen, dass populistische und radikale Parolen so etwas wie Partydrogen sind. Man holt sich damit den Kick am Wochenende, greift aber nicht darauf zurück, wenn man einen kühlen Kopf braucht. Doch diese Ernsthaftigkeit bleibt nicht für immer.

Sobald die Normalität Einzug gehalten hat, werden sich die Politikerinnen und Politiker vom rechten Rand wieder als Renegaten, als Widerständige, als Rebellen und Revolutionäre inszenieren und als Helden feiern lassen. Als Helden im Kampf für »deutsche Interessen«. Bei aller Abneigung gegen diese Inszenierung muss man zugeben, dass der Verfassungspatriotismus im Vergleich dazu ziemlich lahm wirkt.

Ein weiteres Instrument, das die Feinde der offenen Gesellschaft für sich entdeckt haben, ist die Emotionalisierung durch die Verknüpfung von politischen Botschaften mit bekannten Persönlichkeiten der deutschen Geschichte. So versuchen sie seit einiger Zeit durchaus mit einigem Erfolg die wenigen verbliebenen Vorbilder des kollektiven Gedächtnisses der Bundesrepublik umzudeuten. Identitäre tragen bei ihren provokanten Aktionen Stauffenberg-T-Shirts. Björn Höcke und Co. stecken sich die Weiße Rose der Geschwister Scholl ans Revers, während sie menschenfeindliche Parolen verkünden. Rechtsextreme Magazine erklären Holocaustleugner, Kriegsverbrecher und sogar Kleinkriminelle zu Freiheitskämpfern gegen eine vorgebliche Meinungsdiktatur. Bei Millionen Deutschen stoßen diese Erzählungen auf offene Ohren. »Unglücklich das Land, das die falschen Helden hat«, könnte man Brecht aus heutiger Perspektive korrigieren.

Der konservative schottische Historiker Thomas Carlyle war bereits im 19. Jahrhundert der Überzeugung: »Demokratie bedeutet die Hoffnungslosigkeit, Helden zu finden, die euch regieren könnten, und widerwilliges Abfinden mit ihrem Fehlen.« Müssen wir als Demokraten die Problematik also anerkennen und schulterzuckend akzeptieren, dass wir nichts tun können? Carlyle war zwar kein großer Freund der Demokratie, dafür ein umso größerer Freund autoritärer Staatsführer und kluger Feldherren. Das nimmt seinen Worten allerdings nicht automatisch die Wucht. Denn manchmal sind es gerade die Gegner einer Idee, die in der Lage sind, deren Schwächen am besten aufzudecken. Carlyles Beobachtung sollte daher als Arbeitsauftrag für unsere Zeit verstanden werden.

Die rechten Menschenfänger haben also etwas erkannt, was auch die Freunde des Verfassungspatriotismus akzeptieren müssen. Ein bisschen Grundgesetz, dazu ein wenig Einigkeit und Recht und Freiheit, gedruckt auf Papier und beschworen in Sonntagsreden – das ist vielen Menschen zu wenig. In einer Zeit, in der sich Umfragen zufolge bis zu 40 Prozent der Deutschen wieder autoritäre Alternativen zur Demokratie vorstellen können und eine rechtsradikale Partei Wahlerfolg nach Wahlerfolg feiert, braucht es emotionale demokratische Gegenentwürfe und Gesichter, die diese verkörpern.

Die gestellte Aufgabe ist selbstverständlich schwierig und komplex. Man muss Menschen suchen, die vorweggehen und begeistern können und sich gleichzeitig vor den negativen Seiten des Heldenkults in Acht nehmen. Die Debatte darüber steht derzeit noch am Anfang.

Mitten hinein in die Arbeit an diesem Buch bekamen die Heldinnen und Helden immerhin unerwartet viele Fürsprecher an prominenter Stelle. So forderte der französische Präsident Macron in einem *Spiegel*-Interview mehr »politisches Heldentum«. Außerdem erschien ein Buch mit dem Titel *Warum Demokratien Helden brauchen*, geschrieben von dem Philosophen Dieter Thomä. *Zeit Campus* machte ein Heft mit dem Titel *Neue Helden* und stellte dort 30 junge Menschen vor, »die Deutschland jetzt verändern«. Das dazugehörige Wochenblatt beschrieb außerdem über mehrere Seiten hinweg den *Stoff, aus dem Helden sind*. Der *Stern* brachte ebenfalls ein Sonderheft mit dem Titel *Zeit für Helden* auf den Markt. Und auf dem Höhepunkt der Corona-Pandemie trendete plötzlich #heroic bei Twitter. Die Reihe ließe sich fast beliebig fortsetzen.

Es mag paradox klingen, doch dass die liberale Demokratie sich zumindest in Teilen wieder neu erfinden muss, hat sie dem Siegeszug ihrer eigenen Prinzipien zu verdanken. Einer der Wesenskerne des Liberalismus ist der Individualismus, der sich inzwischen auf gesellschaftlicher und wirtschaftlicher Ebene umfassend durchgesetzt hat. Aus Sicht der einzelnen Individuen ist das eine gute Nachricht. Sie gilt nicht nur für diejenigen, die früher nicht so recht in die vorgegebenen Schablonen passen wollten. Gesellschaftlich ergeben sich hingegen riesige neue Herausforderungen.

Die Institutionen, die zuvor viele Menschen unter ihrem Dach versammelt haben – Verbände, Kirchen, Gewerkschaften –, büßten in den letzten beiden Jahrzehnten ihre Schlagkraft fast vollständig ein. Die Menschen handeln freier als früher. Sie können unabhängigere, auch egoistischere Entscheidungen treffen und hinterfragen die Vorgaben, die ihnen gemacht werden, deutlich kritischer als früher. Deswegen muss man sie stets aufs Neue von einer Sache überzeugen.

Das kann anstrengend sein, wenn Zwang eben keine Option ist. Auf jeden Fall funktioniert es nicht über Artikel und Paragrafen, Gesetze und Grundsatzreden. Die Frage, wie es die liberale Demokratie schaffen kann, wieder Emotionen zu wecken und zu begeistern, ohne auf eine kollektivistische oder nationalistische Karte zu setzen, steht also wie der sprichwörtliche Elefant mitten im Raum. Nicht nur in Deutschland, sondern weltweit.

Eine Instanz, die mit dieser Herausforderung seit Langem zu kämpfen hat, ist die Europäische Union. Der ehemalige EU-Kommissionspräsident Jacques Delors, der dafür stritt, aus der EU mehr zu machen als nur einen losen wirtschaftlichen Zusammenschluss, erkannte das Problem der fehlenden emotionalen Bindung und der weitgehenden Gesichtslosigkeit der europäischen Idee bereits in den 1980er-Jahren. »Niemand verliebt sich in einen Binnenmarkt«, fasste er damals seine Bedenken in Worte. Er sollte recht behalten.

Die einzigen europäischen Programme, die wirklich positive Emotionen wecken, sind das studentische Austauschprogramm *Erasmus* und *Interrail* als europaweit gültige Zugfahrkarte für junge Menschen. Dabei sind es nicht die schnöden Regeln und Regularien oder die finanzielle Unterstützung, die für eine positive Wahrnehmung sorgen, sondern die persönlichen Begegnungen während der Auslandsreisen. In Menschen kann man sich eben durchaus verlieben.

Auch die politischen Erfolgsgeschichten der letzten Jahre sind weniger Geschichten von Ideen als von Persönlichkeiten. Das gilt weltweit. Die Beobachtung gilt unabhängig davon, ob man die Anliegen dieser Menschen inhaltlich unterstützt oder ablehnt. Barack Obama und Donald Trump in den Vereinigten Staaten, Jair Bolsonaro und zuvor Lula in Brasilien, Emmanuel Macron oder Nicolas Sarkozy in Frankreich, um nur ein paar der bekanntesten zu nennen, waren oder sind Persönlichkeiten, die wie selbstverständlich Menschen in Bewegung setzen können.

In Deutschland hingegen war die Sache mit der Spitzenpolitik und der Emotion in der Vergangenheit eine eher komplizierte Angelegenheit. Der Letzte, der durch, je nach Einstellung, »Charisma« oder »Populismus« Erfolge verbuchen konnte, war Ende der 1990er-Jahre Bundeskanzler Gerhard Schröder. Im Duett mit seinem Vizekanzler, Außenminister Joschka Fischer, hatte er immer wieder für hitzige Debatten gesorgt. Man kann den beiden nicht vorwerfen, dass sie in ihrer Regierungszeit nicht die Volksseele bewegt hätten. Doch vor allem Schröder überdrehte am Ende und musste sich Angela Merkels emotionslosem Pragmatismus geschlagen geben.

Auch andere Versuche der Emotionalisierung endeten für die Protagonisten oft mit einer Bauchlandung, wie etwa im Falle des FDP-Parteivorsitzenden Guido Westerwelle. Dieser schaffte es 2002 zwar, eine riesige Euphorie zu entfachen, scheiterte aber vor der Wahl am Umgang mit der harten Realität. Weder beim Antisemitismusstreit rund um Jürgen Möllemann noch beim verheerenden Oderhochwasser von 2003 konnte er eine gute Figur machen. Es folgte um 2010 herum das Phänomen Karl-Theodor zu Guttenberg (CSU), der damals als große Kanzlerhoffnung der Union von Teilen der Bevölkerung gefeiert wurde wie ein Popstar. Er schwebte allerdings nur so lange über den Niederungen der Politik, bis er an Verfehlungen rund um seine Doktorarbeit scheiterte.

Die vorläufig letzte Euphoriewelle spülte den frisch zum SPD-Kanzlerkandidaten gekürten Martin Schulz 2016 zunächst in den Umfragen fast an Angela Merkel vorbei, riss den »Schulz-Zug« dann aber im Jahr 2017 mit dem schlechtesten SPD-Wahlergebnis aller Zeiten aus der Spur. Schulz hatte es nicht geschafft, den hohen Erwartungen der Wähler auch nur im Ansatz gerecht zu werden.

Diese Geschichten des Scheiterns sollte man nicht als Ausdruck einer Art deutschen Naturgesetzes sehen. Es scheint eher so, als ob der größte Teil des politischen Personals in diesem Land schlicht nicht mehr auf Situationen vorbereitet ist, in denen wirklich etwas bewegt werden kann (oder muss). Die allermeiste Zeit verbringen Politikerinnen und Politiker nicht mit den großen Zukunftsfragen, sondern eher mit dem Management des Status quo. Das alleine ist noch kein Vorwurf – es hat ja auch sein Gutes, wenn derzeit nicht über Krieg und Frieden oder die Stationierung von Atomraketen auf deutschem Boden diskutiert werden muss. Aber vielleicht verlieren manche Volksvertreter die nötige Ernsthaftigkeit und verstricken sich in unnötige Nebenkriegsschauplätze und Spielchen.

Nehmen wir nur Thomas Kemmerich, den thüringischen Kurzzeit-Ministerpräsidenten aus den Reihen der FDP als Beispiel. Nicht nur, dass er mit seiner Kandidatur glaubte, einen PR-Coup landen zu können – und dabei vom AfD-Strategen Björn Höcke klassisch ausgekontert wurde. Er war schlicht nicht in der Lage, in einem Moment der emotionalen Zuspitzung den Ernst der Lage zu erkennen und eine kluge Entscheidung zu treffen. Stellen wir uns nur vor, Kemmerich hätte auf die Wahl durch AfD-Stimmen nicht mit Trotz und ohne Plan reagiert. Stellen wir uns vor, er hätte Höcke den Handschlag verweigert und als erste Amtshandlung in seiner Antrittsrede dem Landtag ein Sofortprogramm für den Kampf gegen Rechtsextremismus vorgelegt. Der AfD wäre die politische Handgranate, die sie Kemmerich unter den Sessel gelegt hatte, in der eigenen Hand explodiert. Er wäre Handelnder gewesen, nicht Spielball eines zynischen Manövers. So aber geht er als tragische Figur in die Geschichte ein, die ihre Chance nach allen Regeln der Kunst vertan hat.

Davon zu reden, große Dinge zu tun, ist einfach. Den Worten im entscheidenden Moment Taten folgen zu lassen, bleibt offensichtlich wenigen großen Persönlichkeiten vorbehalten. In genau diese Kerbe hieb auch Giovanni di Lorenzo, Chefredakteur der *Zeit*, als er auf der Titelseite seiner Wochenzeitung unter dem Titel *Himmelsgeschenk* fragte: »Warum fehlt es den Kandidaten der alten Volksparteien an jener Ausstrahlung, die Menschen erst mobilisiert?« Eine Antwort lieferte er selbst nicht, aber durchaus weitere Beispiele, die das Dilemma greifbar machen. Mit Blick auf den Prozess zur Wahl eines SPD-Parteivorsitzenden-Duos fragte er etwa, wie von Politikern ein Funke überspringen solle, von denen bei einer 23-teiligen Castingshow um den SPD-Vorsitz nicht ein einziger Satz aufgefallen, geschweige denn haften geblieben sei. Ja, wie eigentlich?

Die weitgehend geräuschlose Organisation des politischen Alltagsbetriebs gelingt häufig recht zuverlässig. Mit den Diskussionen rund um bürokratische Ungetüme mit unaussprechlichen Namen oder Fragen rund um Hartz-Gesetze oder Mindestlohn schafft man es allerdings nicht, irgendjemanden zu begeistern. Es scheint ein Puzzleteil zu fehlen. Vielleicht nur ein kleines. Wir alle wissen: Fehlt nur ein Teil des Puzzles, wird es niemals komplett sein. Und ein unfertiges Puzzle kann zu einer großen Unzufriedenheit führen.

»Wer nur an den Verstand appelliert, erreicht die Herzen der Menschen nicht«, beschrieb di Lorenzo dieses fehlende Puzzleteil in einem weiteren *Zeit*-Artikel mit dem Titel *Auf in den Nahkampf*. Er hat recht. Es fehlen Visionen, die mitreißen, und Politikerinnen und Politiker (aber nicht nur), die diese entwickeln. Doch die darin versteckte Aufgabe ist nicht so einfach zu lösen. Das ließen die Antworten auf di Lorenzos Artikel erahnen, die man eine Woche später im Leserbriefbereich der *Zeit* in Teilen nachlesen konnte. Einer der Leser stellte erschrocken fest, es läge wohl der Wunsch nach einem Führer in der Luft, und warnte: »Charisma kann auch das Böse haben.« Dagegen schrieb ein anderer: »Giovanni di Lorenzo spricht mir aus dem Herzen.« Allerdings nicht ohne nachzuschieben, an wen er denkt, wenn es um Charisma in der Politik geht: »Wo sind heute Politiker wie Helmut Schmidt, Willy Brandt, Franz Josef Strauß und Hans-Dietrich Genscher geblieben?« Eine Leserin sah das Problem nicht in den Persönlichkeiten, sondern im Geld- und Gesellschaftssystem. Ein weiterer Leser vermutete in Richtung des *Zeit*-Chefredakteurs: »Wenn man Ihnen so jemanden heute real präsentieren würde, würden Sie selber schnell dafür sorgen, jeden kleinsten aufkeimenden Mythos sofort kleinzureden, zu zerstören.«

Viele Deutsche wollen also offenbar nicht ohne Lichtgestalten auskommen, sind sich aber überaus uneins in der Frage, wie viel Lichtgestalt überhaupt sein darf und wie diese genau auszusehen hat. Der typische Impuls mag verständlich sein, damit den härtesten Durchgreifer zu assoziieren, den »Lautsprecher«. (Hier ist die Wahl der männlichen Form tatsächlich einmal genau so gemeint.) Doch man muss das nicht akzeptieren, als sei es ein Naturgesetz.

Blicken wir zurück auf den Anfang der Corona-Pandemie. Sowohl innerhalb der politischen Klasse als auch in der Wissenschaft kristallisierten sich schnell Persönlichkeiten heraus, die die Debatte prägten. In der Politik waren das die Ministerpräsidenten von Bayern und Nordrhein-Westfalen, Markus Söder und Armin Laschet, auf wissenschaftlicher Ebene die beiden Virologen Christian Drosten und Alexander Kekulé. Während Söder und Kekulé eher für eine Linie harten Durchgreifens standen, waren Laschet und Drosten die Gesichter der Fraktion, die vor allzu radikalen Maßnahmen warnten. Letztlich taten die vier Herren nichts anderes, als in einer wichtigen Debatte unter großer Unsicherheit zwei legitimen Denkschulen Gesichter zu geben. Beide »Lager« konnten Anhänger für ihre Herangehensweise gewinnen. Ohne dass sich einer der Protagonisten schriller Töne hätte bedienen müssen. Die gab es zwar an anderer Stelle, sie verhallten aber weitgehend ungehört.

Menschen sehnen sich also nach starken Persönlichkeiten, hinter denen sie sich im Sinne der gemeinsamen Sache versammeln können. Selbst dann, wenn diese nicht perfekt sind. Eine starke deutsche Demokratie braucht Leitfiguren, die unter schwierigen Bedingungen und bei Gegenwind Kurs halten, Orientierung geben und bereit sind, etwas zu riskieren. Diese demokratischen Heldinnen und Helden müssen all das mit Leben erfüllen, was das moderne Deutschland als freiheitliches Land mitten in Europa ausmacht. Starke Männer, wie man sie aus der Geschichte (und in vielen Ländern rund um den Globus leider auch aus der Gegenwart) kennt, sind allerdings nicht die Antwort auf diese Herausforderung.

Geschichten und Vorbilder aus der Vergangenheit, an denen man sich orientieren kann, gibt es trotzdem genug. Etwa aus der Zeit der Hexenverbrennung oder der Bauernkriege, aus der Kaiserzeit oder der Weimarer Republik, aus dem Nationalsozialismus, der DDR und der Bundesrepublik. Unter ihnen sind bekannte Menschen, aber auch viele weithin unbekannte. Zu ihnen gehören Retterinnen und Märtyrerinnen, Publizisten und Juristen, Frauenrechtlerinnen und Kämpfer gegen die Verfolgung Homosexueller. Es waren Politikerinnen und

Journalisten, die den Lauf der Welt geprägt oder sich dem vermeintlich Unvermeidbaren entgegengestellt haben. Und sie waren Pazifisten und Christen, Juden, Muslime und Atheisten, Menschen mit Behinderung, Soldatinnen und Zivilisten. Sie haben Widerstände überwinden müssen, um Gutes zu bewirken. Manche von ihnen waren erfolgreich, bei anderen blieb es bei dem Versuch.

Nicht selten riskierten diese Menschen viel – bis hin zu ihrem Leben. Wofür sie es taten? Für den Traum von einem Land, in dem die Menschen so leben können wie wir heute in Deutschland. Nun ist es an uns, eine Antwort auf die Frage zu finden, wer in Zukunft vorangehen soll. Die Suche nach meiner ganz persönlichen Antwort beschreiben die nachfolgenden Seiten.

Dieses Buch ist ein Debattenbuch. Ich greife in diesem Impulse auf, die derzeit Gegenstand der Diskussion sind, versuche sie einzuordnen und weiterzuentwickeln. Erkenntnisse aus Artikeln, Büchern, Podcasts oder TV-Dokumentationen stützen mich bei dieser Arbeit. Vor allem jedoch meine Erfahrungen aus persönlichen Begegnungen und zahllosen Gesprächen.

Ich habe seit 2014 rund 250 Veranstaltungen zur Demokratiebildung im In- und Ausland organisiert oder moderiert, war Vortragender, Workshopleiter oder Diskussionsteilnehmer. Schwerpunkte waren Strategien der Neuen Rechten und der Umgang damit, der NSU-Komplex, das Phänomen Reichsbürger und der Antisemitismus. Da kommen eine Menge personlicher Begegnungen quer durchs Land und darüber hinaus zusammen.

Es stand nicht von Anfang an fest, was am Ende dieser Arbeit herauskommen würde. Seit ich mit meinem Projekt begonnen habe, sind einige Jahre ins Land gegangen. Anfänglich gab es nicht viel mehr als ein Bauchgefühl und die These, dass der Verfassungspatriotismus ohne eine Bindung an herausragende Persönlichkeiten und deren Handeln nicht mehr ausreichend ist. Alles Weitere hat sich entlang des Recherche- und Schreibprozesses entwickelt.

Mir ist bewusst, dass ich mich mit vielen meiner Positionen in einer Zeit zwischen die Stühle setze, in der die öffentliche Debatte zunehmend bipolar geführt wird. Schwarz oder weiß. Wer nicht für mich ist, ist gegen mich. Das ist nicht meine Welt.

Ebenso ist mir klar, dass es Menschen geben wird, die versuchen werden, das gesamte Projekt zu delegitimieren und zu desavouieren. Das sind genau die Menschen, *derentwegen* ich dieses Buch unbedingt schreiben wollte. Es sind aber nicht die Menschen, *für* die ich dieses Buch geschrieben habe. Von Ersteren – den Populisten und Demokratieverächtern – erwarte ich nichts. Von Letzteren – den Demokraten aller Farben – erhoffe ich mir eine lebhafte Debatte.

ALTE HELDEN, NEUE HELDINNEN UND FALSCHE VORBILDER

Versuch eines Phantombilds

Während ich an diesem Buch schrieb, erschien im September 2019 ein *Stern*-Extra mit dem Titel *Zeit für Helden*. »Ein Heft über Menschen, die begeistern, provozieren und Mut machen«, hieß es dort, bebildert mit Profilfotos von zwei jungen Frauen und zwei nicht mehr ganz so jungen Männern. Während es sich bei den weiblichen Personen um Greta Thunberg, die junge Klimaschutzaktivistin, und Carola Rackete, die Kapitänin des privaten Rettungsschiffs *Sea-Watch 3* handelte, waren die Männer der Neu-Rentner und Basketballprofi Dirk Nowitzki und der vermutlich Nie-Rentner und Panikrocker Udo Lindenberg.

Die Bildauswahl des *Stern*-Teams beschreibt bereits das Problem eines diffusen Heldenbegriffs. Fraglos hat Dirk Nowitzki unzählige Menschen inspiriert, nicht nur auf dem Platz, sondern mit seiner sympathischen, zugänglichen Art auch abseits davon. Und Udo Lindenberg wird nicht nur durch seine Ohrwürmer weiterleben, sondern auch durch die Art und Weise, wie er die DDR-Führung rund um Erich Honecker herausgefordert hat. Idole, also Menschen, die andere Menschen durch ihre Leistung und ihr Verhalten inspirieren, sind Nowitzki und Lindenberg sicherlich. Doch werden Menschen durch solche Dinge zu Helden? Spätestens jetzt stellt sich die Frage nach einer klugen Definition.

Wirft man einen Blick in den Duden, überraschen zunächst vor allem die unterschiedlichen Definitionen für Frauen und Männer. Bei Frauen steht nur, eine Heldin sei eine »besonders tapfere, opfermütige Frau, die sich für andere einsetzt, eingesetzt hat« und ansonsten die »weibliche Form zu Held«. Beim Helden fehlt die Erklärung leider komplett, dass es sich um die männliche Form zu Heldin handelt. Der Rest der Definition ist für den Helden außerdem deutlich umfangreicher. Offensichtlich haben Männer alleine durch das Mannsein mehr Möglichkeiten, sich als Helden zu beweisen. Historisch mag das richtig gewesen sein. Aber heute?

Der Held sei entweder ein »durch große und kühne Taten besonders in Kampf und Krieg sich auszeichnender Mann edler Abkunft (um den Mythen und Sagen entstanden sind)« oder auch »jemand, der sich durch außergewöhnliche Tapferkeit im Krieg auszeichnet und durch sein Verhalten zum Vorbild [gemacht] wird«. Uns leuchtet heutzutage wahrscheinlich am ehesten die dritte Definition ein, in der es heißt, ein Held sei »jemand, der sich mit Unerschrockenheit und Mut einer schweren Aufgabe stellt, eine ungewöhnliche Tat vollbringt, die ihm Bewunderung einträgt«.

Auch kluge Köpfe jenseits der Duden-Redaktion haben sich in jüngerer Vergangenheit an Helden-Definitionen versucht. Der Philosoph Dieter Thomä etwa beschreibt Helden in seinem Ende 2019 erschienenen Buch *Warum Demokratien Helden brauchen* anhand von drei Kriterien. Nur wer sich – erstens – einer Gefahr stellt. Und zwar – zweitens – im Kampf um eine Sache, die größer ist als er selbst. Und zu dem wir – drittens – aufschauen können, nur der ist aus seiner Sicht ein Held. Das hört sich schlüssig an, lässt aber viel Spielraum für Deutungen.

Nehmen wir Stephan B., den Attentäter von Halle. Wenig überraschend halte ich B. nicht für einen Helden. Nun gibt es allerdings tatsächlich Menschen, die völlig gegenteiliger Meinung sind. Kommentare auf einschlägigen Webseiten und in einschlägigen Foren sprechen diesbezüglich eine deutliche Sprache. Dort ist B. ein Held, der obiger Definition entspricht. Denn er ist zweifellos ins Risiko gegangen. Er ist dieses Risiko ebenso zweifellos im Kampf für eine höhere Sache eingegangen. Zweifellos hat er auch etwas getan, wofür er bewundert wird. In den Kreisen derer, die seine rechtsextreme Weltanschauung teilen, erntet Stephan B. allerhöchstens Kritik dafür, dass er schlecht vorbereitet war und deshalb statt Juden oder

Muslimen unbescholtene »Bio-Deutsche« getötet hat. Gut gemeint, aber nicht gut gemacht, so der Tenor der Kritiker.

Natürlich unterstelle ich Thomä nicht, er würde B. für einen Helden halten. Ich will nur aufzeigen, dass die Kriterien möglicherweise zwar ausreichend trennscharf sind, um Heldenfiguren von unauffälligen Normalbürgern, nicht aber, um Helden von Terroristen zu unterscheiden.

Dieses Problem wird auch bei anderen Definitionsversuchen deutlich. Die Politikwissenschaftlerin Barbara Buckinx formuliert es im Begleitbuch zu einer Ausstellung über Heroismus in der Marta Herford im Jahr 2004 so: »Was definiert also das Heroische? Außergewöhnliche Körperkraft und ein ans Tollkühne grenzender Mut gehören zu den Haupteigenschaften der mythischen Krieger und Abenteurer, die in Epen wie der *Ilias* und dem *Rolandslied* gefeiert werden.« Aber auch gewöhnliche Sterbliche könnten als Helden bezeichnet werden, wenn er oder sie »bei mutigen Taten gewaltige Risiken eingeht und vielleicht sein oder ihr Leben für ein ehrenhaftes Ziel opfert«. Das klingt schon ziemlich auf den Punkt.

Noch knapper formuliert diesen Tatbestand nur der Historiker Leopold von Ranke, ein herausragender Kopf des 19. Jahrhunderts: »In der Behauptung einer großen Sache unter Widerwärtigkeiten und Gefahren bildet sich der Held.«

Das wirft die Frage auf, ob es in einer liberalen Demokratie überhaupt echte Helden in einem politischen Sinne geben kann. Dort halten sich die Widerwärtigkeiten und Gefahren, mit denen man vonseiten des Staates konfrontiert wird, in engen Grenzen. Ja, ist meine Antwort, es kann.

Zumindest wenn man akzeptiert, dass andere Protagonisten als der Staat Situationen schaffen können, denen sich entgegenzustellen Mut erfordert. Es muss nicht unbedingt das Unrecht von Staats wegen sein, es kann auch die Abwesenheit von Rechtsdurchsetzung sein, die zu »Widerwärtigkeiten und Gefahren« führt. Man denke nur an Landstriche, wo »völkische Siedler« national-befreite Zonen ausgerufen haben und das Ausharren und Gegenhalten für Demokraten einem Tanz auf dem Vulkan gleicht.

Es gibt eine Zutat, die in allen Definitionen von Heldentum gleichermaßen zu finden ist, und zwar der Mut. Auf die Frage, was Mut genau ausmacht, finden sich zahllose unterschiedliche Antworten. Alleine in der Spezial-Ausgabe des *Harvard Business Manager* für 2020, in der es nur um diesen Begriff geht, weil Mut »die wichtigste Eigenschaft von Führungskräften« sei, finden sich unterschiedlichste Vorstellungen.

Der ehemalige *Arcandor*- und *Bertelsmann*-Chef Thomas Middelhoff ist sicher eine der umstrittensten Figuren in der Nachkriegsgeschichte der deutschen Wirtschaft. Er findet, dass Mut vor allem »bedeutet, für das einzustehen, was kohärent mit den eigenen Werten ist«, und zwar auch dann, wenn man damit gegen den öffentlichen Konsens steht. Der Führungskräftecoach Patrick Herrmann wiederum sieht drei Kriterien, die erfüllt sein müssen, um von mutigen Handlungen sprechen zu können. Mutige Menschen müssen seiner Meinung nach ein Risiko eingehen, eine Angst überwinden und moralisch lohnend handeln.

Für die EY-Managerin Julie Lynn Teigland dagegen bedeutet Mut, dass man in dem Bewusstsein handelt, nicht alles kontrollieren zu können. Der renommierte Soziologe Ortwin Renn seinerseits beschreibt Mut als das Beschreiten neuer Wege, wenn risikolose Lösungsansätze keine Erfolge bringen. Wenn das nicht eine treffende Beschreibung unserer derzeitigen Herausforderung ist!

Trotz allem kommt auch der Begriff Mut in den meisten Definitionen überraschend wertneutral daher. Mutig könnte, hielte man sich nur an den Wortlaut aus dem Duden, sowohl die Whistleblowerin sein, die öffentlich macht, dass ihr Arbeitgeber vergiftete Babynahrung verkauft, als auch der Attentäter, der einen Anschlag auf die Kanzlerin plant.

Es wird deutlich: Was als mutig oder gar heldenhaft gilt, ist mit Lexikondefinitionen alleine nicht zu beschreiben. Es handelt sich vielmehr um eine Frage des gesellschaftlichen Konsenses. Das ist eine gute und eine schlechte Nachricht zugleich. Denn es bedeutet, dass wir eben nicht in einer Gesellschaft leben, in der der Kriminelle mit der Whistleblowerin auf einer Stufe steht. Gleichzeitig heißt es aber auch, dass das nicht immer gelten muss. Denn was als gesellschaftlicher Konsens gilt, ist nicht in Stein gemeißelt, sondern muss ständig neu verhandelt werden. Mit der Zeit kann sich da einiges deutlich verschieben.

Auch die Grenze, ab der aus Mut Dummheit oder aus Dummheit Mut wird, ist nicht in jedem Fall leicht zu verorten. Denken wir nur an die Farce um die Ministerpräsidentenwahl in Thüringen im Jahr 2020. Oder an den Brexit.

Hätte der damalige britische Premierminister David Cameron, der ohne Not das Referendum über einen Ausstieg Großbritanniens aus der EU auf die Tagesordnung gesetzt hat, die Abstimmung klar gewonnen, hätte nicht nur er deutlich fester im Sattel gesessen als zuvor. Auch das Thema an sich wäre für lange, lange Zeit vom Tisch gewesen. Nachdem der Volksentscheid aber anders ausging, fragen sich viele im Rückblick, was den damaligen Premierminister von Großbritannien bei seiner Entscheidung für ein Teufel geritten hatte. Immerhin war er selbst gegen einen Brexit und für den Verbleib in der Europäischen Union gewesen. Doch machen wir uns nichts vor. Die aus heutiger Perspektive offensichtlich dumme Entscheidung, die ihn zudem sein Amt gekostet hat, wäre bei einem anderen Ausgang sicher als außerordentlich mutig und weise gefeiert worden.

Ist Heldentum als mögliche Folge von mutigem Handeln also nur Zufall? Nehmen wir das Beispiel Carola Rackete, um dieser Frage nachzugehen. Ganz unabhängig davon, welche Position jemand in Fragen der Einwanderung vertritt, werden die meisten von uns der Aussage zustimmen, dass die Absicht der jungen Frau eine gute war. Rackete hat durch das eingegangene Risiko, tatsächlich eine ganze Weile im Gefängnis zu landen, objektiv den mutigen Schritt von der idealistischen Aktivistin zur Heldin getan. Und zwar ganz unabhängig davon, wo und unter welchen Bedingungen sie die Menschen an Bord ihres Schiffs aufgelesen hat, welche Fluchtgründe diese hatten oder welche Geschichten sie den Behörden nach dem Erreichen des europäischen Festlands erzählten.

Die junge Frau hätte natürlich nicht an Bord der *Sea Watch 3* gehen müssen. Man kann auch darüber diskutieren, nach welchen Regeln private Seenotrettung funktionieren muss. Doch das spielt bei der Bewertung der Entscheidung der Kapitänin keine Rolle, mit der sie auf eine akute Notlage an Bord ihres Schiffes reagierte. Die italienischen Behörden hatten ihr auf Anweisung des rechten Innenministers Matteo Salvini zuvor jede Hilfe verweigert. Den Menschen an Bord der *Sea Watch 3* ging es schlecht – und nur Rackete konnte dagegen etwas unternehmen. Es ist die Tat, die sie zur Heldin macht, nicht die ursprüngliche Absicht, mit der sie ihre Fahrt begonnen hatte. Ebenso wenig spielen ihre sonstigen politischen Ansichten dabei eine Rolle.

Carola Rackete ist ein gutes Beispiel dafür, dass man Heldentaten zwar nicht planen, sein Leben jedoch so gestalten kann, dass man im entscheidenden Moment vorbereitet ist, das Notwendige zu tun. Die junge Deutsche war ursprünglich gar nicht für die Fahrt vorgesehen und sprang kurzfristig für einen Kollegen ein. Sie konnte nicht ahnen, wie ihr Einsatz verlaufen würde. Doch als sich die Lage zuspitzte, handelte sie heldenhaft.

Kann man das auch über die andere junge Frau auf dem *Stern*-Cover sagen? Ist Greta Thunberg eine Heldin, wie etwa Salman Rushdie findet? Wagen wir den Versuch einer nicht ganz einfachen Vermessung. Thunberg ist immer dann stark, wenn sie den Mächtigen den Spiegel vorhält. Die Fragen, die sie dazu brachten, ihren Schulstreik für das Klima zu beginnen, sind so legitim wie banal, spielten aber in der öffentlichen Debatte kaum eine Rolle. Bis Greta kam.

Warum schließen Regierungen Verträge wie das Pariser Klimaschutzabkommen ab und halten sich danach nicht an das, was sie selbst verhandelt haben? Warum geben Regierungen und internationale Institutionen Studien zu den Gründen und den Auswirkungen des Klimawandels in Auftrag und ignorieren danach die Ergebnisse? Warum klafft zwischen den Aussagen führender Politikerinnen und Politiker und der Umsetzung von Klimapolitik eine riesige Lücke?

Diese Fragen sind genau diejenigen, die eigentlich Journalisten und Politiker den Regierungen jeden Tag stellen müssten. Die Wissenschaft hat das durchaus versucht, wurde aber kaum gehört. »Wir Wissenschaftler sind froh, dass es Greta Thunberg gibt, weil sie der Wissenschaft Gehör verschafft«, formulierte etwa Lothar Wieler im Gespräch mit der *Rheinischen Post*. Wem der Name bekannt vorkommt: Wieler ist der Präsident des bundeseigenen Robert-Koch-Instituts, an dessen Gesicht man während der Corona-Pandemie kaum vorbeikam.

Wenn selbst jemand mit einem direkten Zugang zur Bundesregierung so etwas sagt, hat das Gewicht. Zu Thunberg führte er weiter aus: »Sie argumentiert nicht polemisch oder populistisch, sondern mit wissenschaftlichen Argumenten, weshalb man sie auch ernst nehmen muss.«

Natürlich ist Greta Thunberg nicht perfekt. Angreifbar macht sie sich dann, wenn sie sich zu umstrittenen Themen äußert. Etwa zur Kernenergie, die sie erst gut findet und später doch wieder nicht. Problematisch wird der Hype um sie spätestens dann, wenn sie zu einer Projektionsfläche für politische Forderungen wird, die weit über ihren ursprünglichen Impuls hinausgehen. Das ist nicht ihr Fehler, aber sie muss sich zumindest fragen lassen, warum sie sich der Vereinnahmung nicht widersetzt.

Dasselbe gilt für die Versuche, der jungen Frau fast schon Übermenschliches zuzuschreiben. »Die Frau, die aus dem Himmel kam«, überschrieb etwa die *Zeit* einen Artikel über die junge Schwedin. Die britische Ausgabe der *GQ* brachte Thunberg in Abraham-Lincoln-Optik aufs Cover, und das *Time Magazine* inszenierte sie in einem Kleid, das mich an die Freiheitsstatue erinnert, in einem Säulengang, der kühle Macht verkörpert. Muss das wirklich sein? Diese Frage richtet sich sowohl an Greta und ihr Umfeld als auch an die zuständigen Journalisten.

Keine Frage, die von Greta Thunberg ins Leben gerufene Bewegung Fridays for Future hat eine überraschend große Wirkung entwickelt, bedenkt man, dass der einzige Regelbruch, den sie propagiert, das Schuleschwänzen an Freitagen ist. Mancher große Revolutionär, den sein Engagement das Leben gekostet hat, dürfte angesichts von so viel bürgerlich-jugendlicher Durchschlagskraft im Grab vor Neid erblassen. Vor allem aber sind die netten Schülerinnen und Schüler von nebenan der Beweis, dass wir eben nicht in Zeiten leben, in denen nur noch Notstand, Gesetzesbruch und Selbstjustiz als Lösungen infrage kommen. Fridays for Future (FFF) macht damit etwas entscheidend anders als die klimabewegten Regelbrecher von Extinction Rebellion, die Randalierer vom G20-Gipfel in Hamburg oder diejenigen, die in Chemnitz nach dem Tod von Daniel H. innerhalb kürzester Zeit einen rechtsextremen Mob auf die Straße brachten. Denn diese Gruppen kommen ohne die Behauptung eines Ausnahmezustands nicht aus, der sie vorgeblich dazu berechtigt, sich gegen Recht und Gesetz zu stellen.

Es ist die Leistung der jungen Schwedin und des engsten Kreises der FFF-Macherinnen und -Macher, den Kurs der Regeltreue und Gewaltfreiheit durchgehalten zu haben. Das ist in Zeiten zunehmender Aggression und bröckelnden Anstands alles andere als selbstverständlich und wird im kollektiven Gedächtnis haften bleiben.

Ob Thunberg deshalb eine Heldin ist? Wohl eher nicht. Doch das ist nicht ihr Fehler. Um sich als solche auszuzeichnen, fehlte ihr bisher die entsprechende Situation. Eine kluge junge Frau mit Prinzipien ist sie allemal. Ich würde ihr zutrauen, im entscheidenden Moment mutig und heldenhaft zu handeln. Das ist doch auch schon etwas.

Der Traum vom Muskelmann

Es gibt sicher zahlreiche Menschen, denen sich alleine bei der Nennung von Namen wie Carola Rackete oder Greta Thunberg die Nackenhaare aufstellen. Bei Monika Maron etwa kann man sich das sehr gut vorstellen. Diese war viele Jahre eine wichtige Stimme unter den deutschen Schriftstellerinnen. Inzwischen fällt sie in der Öffentlichkeit in erster Linie durch Artikel gegen Angela Merkels Politik auf, die von rechtsextremen Formulierungen wie beispielsweise dem »kollektiven Selbstmord« des deutschen Volkes *(FAZ)* nur so strotzen.

Das muss man wissen, um richtig einzuordnen, was sie Moritz Aisslinger von der *Zeit* zum Thema Helden in die Feder diktiert hat. Etwa, dass sie überzeugt sei, dass wir in einer Vorkriegszeit lebten. Sie rechne deshalb mit etwas Ähnlichem wie dem Dreißigjährigen Krieg, auf jeden Fall mit einem Religionskrieg. »Was machen wir dann, wenn wir keine Helden haben?«, fragte sie. Und ob es in Deutschland überhaupt welche gebe, müsse man sehen. Unüberhörbar schwingt in diesen Worten die Hoffnung mit, dass es sie noch gibt und dass diese sich dann zeigen. Um welche Art Held es sich da wohl handelt? Wer sich im Bürgerkrieg wähnt, ruft sicher nicht nach Liedermachern mit Blümchen im Haar, die von besseren Zeiten trällern. Doch wie sollen die Typen stattdessen aussehen, die sich in dieser Situation bewähren sollen? Es ist nicht allzu schwer, in der rechten Ecke Antworten auf diese Frage zu finden.

Ich will nur auf ein repräsentatives Beispiel eingehen, nämlich auf Michael Klonovsky. Wem der Name nicht bekannt sein sollte: Klonovsky ist seit 2018 der persönliche Referent des AfD-Ehrenvorsitzenden und Co-Fraktionsvorsitzenden im Bundestag, Alexander Gauland. Er war einige Jahre Chefautor des *Focus* und schrieb in dieser Zeit ein kleines Büchlein mit dem Titel *Aphorismen und Ähnliches*. Dort kann man erhellende Dinge lesen. Beispielsweise, dass man mit einer gewissen Vorfreude den Tag erwarte, »an welchem unsere Schwulen, Lesben und Feministinnen zum Endkampf gegen die muslimischen Machos antreten«. Das ist nichts anderes als der verklausulierte Ruf nach dem brutalen Mann, der mit körperlicher Gewalt gegen die Fremden vorgeht, der auch in Marons Worten durchscheint. Für »Heldinnen« ist in diesem Weltbild natürlich höchstens im Kreißsaal Platz. Oder wie Klonovsky es ausdrückt: »Wenn eine Frau, die nie an der Wiege gesessen hat, über das richtige Leben zu predigen beginnt, sollte man sich dezent entfernen.«

Für sich genommen wirken diese Beschreibungen reichlich abstrakt. Aber es ist gar nicht so lange her, dass genau die von Klonovsky, Maron und Co. herbeigesehnten Typen nicht weit von uns entfernt aktiv waren. Blicken wir zurück in die Zeit der letzten Kriege auf unserem Kontinent, auf das Territorium des ehemaligen Jugoslawiens.

Aufseiten der serbischen Freischärler etwa brachte es *Kapetan Dragan* zu großem Ruhm, der die Region Banija bis zur bosnischen Grenze kontrollierte. Als Held gefeiert, war er in Wirklichkeit nichts anderes als ein Söldner und Krimineller. Dragans Einsatz für die serbische Sache kostete seine Auftraggeber einen Monatslohn von 10 000 D-Mark. Für dieses Geld sollte er serbischen Bauernsöhnen militärischen Schliff beibringen.

Der selbst ernannte Kapitän, der in Wirklichkeit Dragan Vasilkovic heißt, hatte bis dahin als Sohn serbischer Einwanderer in Australien gelebt und in der Armee gedient. Das war die eine Seite der Medaille. Die andere war, dass dort gegen ihn ermittelt wurde, weil er ein Bordell unterhalten und nebenher Hehlerdienste für Kriminelle geleistet hatte. Wenig überraschend wurde aus dieser schillernden Persönlichkeit auf dem Schlachtfeld nicht plötzlich ein überzeugter Humanist. 2018 wurde er für seine Kriegsverbrechen in letzter Instanz zu 13,5 Jahren Haft verurteilt.

Sein Pendant war der »kroatische Rambo«, bürgerlich Sinisa Dvorski. Der Haudegen, der sich bei der Wiedereroberung der Stadt Kostajnica auszeichnete, hatte nicht nur in verschiedenen europäischen Armeen gedient und war Teil einer Antiterroreinheit in Südafrika gewesen. Nein, er hatte auch als Kommandant einer Privatarmee in Westafrika gewirkt. Es ist nicht zu vermuten, dass er seine Leute dort jeden Morgen daran erinnert hat, die Menschenrechte einzuhalten.

Wenn man also auf Helden hofft, die sich in einer Kriegssituation auszeichnen, landet man bei ziemlich unangenehmen Männern (und nur Männern), die mit unseren liberalen und demokratischen Werten nichts anfangen können. Anders gesagt: Die Helden, nach denen gerufen wird, sind Kriminelle, Söldner und Kriegsverbrecher.

Die Äußerungen der Schriftstellerin Monika Maron wie auch des Gauland-Adjutanten Michael Klonovsky bewegen sich genau entlang des Kipppunkts, an dem das Beklagen einer Krise in den Aufruf zum Terror umschlägt. Das wusste der ehemalige Kulturstaatsminister Michael Naumann bereits 1984, als er in seiner Habilitationsschrift *Der Strukturwandel des Heroismus* feststellte: »Politischer Terrorismus und revolutionärer Heroismus sind zwei Seiten derselben Medaille, nämlich politischer und physischer Gewalt, die auf die Errichtung einer neuen Ordnung abzielt – je nachdem, ob man deren Opfer oder Verursacher ist.« Und weiter: »Auch heutige Terroristen bezeichnen sich selbst nicht als Terroristen. Eher beschreiben sie sich als revolutionäre Helden oder Befreier.« Naumann hatte damals in erster Linie den Terror der RAF und seine Protagonisten vor Augen. Heute lassen Kassel, Halle und Hanau grüßen.

Dieses Spiel mit dem Feuer ist in einer Umbruchphase, die als Krise wahrgenommen wird, doppelt gefährlich. Viele Menschen sind derzeit ganz offensichtlich auf der Suche nach Eindeutigkeit und zunehmend bereit, radikalen Erzählungen zu folgen. Wer an den bevorstehenden Bürgerkrieg glaubt, begreift im nächsten Schritt Gewalt als legitime Option. Im schlimmsten Fall endet dieses Denken in einem kollektiven Blutrausch. Wer sollte das besser wissen als wir Deutschen?

Bereits Peter Kropotkin, der russische Anarchist, beschrieb diesen Prozess in seinem Buch *Worte eines Rebellen* und kam zu dem Schluss: »Mut und Opferwille sind ebenso ansteckend wie Feigheit, sklavisches Verhalten und Panik.« Er war davon überzeugt, dass es für Revolutionen nur eines braucht, nämlich »enthusiastische Menschen, ehrliche Menschen, für die Tat und Idee eins sind und die das Gefängnis, die Verbannung oder den Tod einem Leben ohne Überzeugungen vorziehen«. Das war im Jahr 1885, ist also keine neue Erkenntnis, aber leider eine durchaus aktuelle.

Ein paar gut geschürte Emotionen also, ein paar Verbündete, die sich gegenseitig hochschaukeln, und ein kluger Kopf, der die Sache orchestriert, dann fällt das System. Es braucht nicht viel dazu. Im Gegensatz zur Demokratie bestimmt im Bürgerkrieg auch nicht die Mehrheit, sondern vielmehr die Bereitschaft zur Brutalität darüber, wer die Auseinandersetzung für sich entscheidet.

Derzeit lässt sich bereits beobachten, wie sämtliche zur Verfügung stehenden Instrumente der Manipulation völlig schamlos ausgenutzt werden. Damit soll eine Stimmung geschaffen werden, in der ein Umsturz möglich erscheint. Die Strategie orientiert sich offensichtlich an dem als »Heldenreise« oder »Heldenfahrt« bezeichneten Modell von Joseph Campbell. In diesem wird der Held mit einer schwierigen Aufgabe konfrontiert. Er ist Opfer der Umstände – oder er fühlt sich zumindest so, wie wir gleich sehen werden. Zunächst widerwillig, aber dann mit umso mehr Tatkraft nimmt er die Herausforderung an. Auf seinem Weg findet er Vorbilder in der Geschichte, an denen er sich aufrichten und orientieren kann. Er bricht die Brücken hinter sich ab, denn er merkt: Sein Handeln ist ohne Alternative, ein Zurück kann es nicht geben. Unter Opfern überwindet der Held seinen Gegner. Eine neue Ordnung entsteht, in der seine Existenz endlich die Anerkennung bekommt, die ihr schon lange zugestanden hätte.

Machen wir uns nichts vor. Das ist eine kraftvolle Erzählung, die all denjenigen hoch attraktiv erscheint, die sich als Opfer der Umstände sehen. Wer möchte nicht lieber als großer Gewinner denn als ewiger Versager in die Geschichte eingehen?

Am Anfang steht die Opferrolle

Helden, die auch in einer Demokratie als solche anerkannt werden, erwuchsen in der Vergangenheit aus Protest gegen die Willkür der Herrschenden. In der liberalen Demokratie, die sich durch Pluralismus, Gewaltenteilung und freie Presse auszeichnet, ist die Konzentration von Macht begrenzt. Eine Willkürherrschaft lässt sich daraus nur schwer konstruieren. Doch genau diesen Versuch erleben wir gerade. Der Bürger als

Opfer eines Unterdrückungsstaats – das ist die Legende, an der nicht nur das rechte Lager strickt.

Man kann seit einigen Jahren einen verbissenen Wettstreit um den ersten Platz bei der Frage beobachten, wer denn nun die größte Opfergruppe sei. Die österreichische Monatsschrift *Addendum* reagierte auf die immer deutlicher zutage tretende Tendenz mit einer ganzen Ausgabe unter der Überschrift *Opfer? Held!* Woher kommt das? Und vor allem: Was soll das?

Die Wurzeln dieser Entwicklung sind in der Vergangenheit zu suchen. Sie gehen zurück in die Zeit, als nach zwei verheerenden Weltkriegen und dem Debakel von Vietnam in der gesamten westlichen Welt die Überzeugung wuchs, dass man Helden besser in den Ruhestand schicken sollte. Im Rahmen dieses sogenannten Postheroismus wurden Heldinnen und Helden »imagemäßig durch das Opfer abgelöst«, wie es der Soziologe Harald Welzer ohne Häme in einem Beitrag für den *Stern* formulierte. Doch damals hat wohl niemand geahnt, dass sich dadurch ein ganz neues Problem ergeben würde, mit dem wir nun umgehen müssen.

Es sind die Randgruppen, insbesondere aus dem ganz rechten, dem ganz linken und dem islamistischen Spektrum, die sich gegenseitig mit lautem Klagen überbieten. Die Rechten behaupten, sie würden von »linksgrün-versifften Mainstream« unterdrückt. Die Linken wiederum sehen überall Faschisten, gesteuert von der Springer-Presse. Und die Islamisten sehen sich gleich im Abwehrkampf gegen alle Ungläubigen, die Muslime weltweit unterdrücken und vernichten wollen.

Natürlich passt das alles nicht zusammen. Aber das muss es auch gar nicht. Vor einem olympischen 100-Meter-Finale behauptet auch das halbe Starterfeld, der oder die Schnellste zu sein, obwohl das nicht stimmen kann. Den Sieger kennt man eben erst am Ende. Selbst wenn der Sieger in diesem Fall nur den zweifelhaften Titel des größten Opfers für sich beanspruchen kann.

All das mag auf den ersten Blick absurd erscheinen, dahinter steckt aber eine bestechende Logik. Opfer zu sein heißt in der Regel, schwach, Objekt von Übergriffen, unterprivilegiert zu sein. Opfern gesteht man das Recht zu, sich mit allen Mitteln zur Wehr zu setzen. Dem Opfer einer Vergewaltigung wird niemand einen Vorwurf machen, wenn es sich mit dem nächstbesten Stein gegen seinen Peiniger wehrt. Und, so zynisch das klingen mag, genau das ist die Position, in die sich diejenigen wünschen, die einen Grund suchen, um gegen das verhasste System und seine Stellvertreter loszuschlagen.

Derzeit scheint der rechte Rand die Nase bei diesem perfiden Wettkampf um den Status als größtes Opfer der herrschenden Ordnung vorne zu haben. Das lässt sich daran festmachen, dass dessen Legenden in der Mitte der Gesellschaft am ehesten verfangen. Es herrsche eine Merkel- oder eine Allparteiendiktatur, heißt es da. Es gebe keine Meinungsfreiheit mehr. Das deutsche Volk solle gegen seinen Willen umgevolkt werden, ist auch häufig zu vernehmen, und zwar längst nicht mehr nur in rechten Szenemedien oder bei der AfD.

Derzeit muss man ganz rechts außen besonders genau hinschauen. Das soll aber nicht heißen, dass deshalb die anderen Phänomene keine weitergehende Betrachtung nötig hätten. Denn auch deren Opfererzählungen treffen in gewissen Milieus auf durchaus fruchtbaren Boden.

Die Täter-Opfer-Umkehr ist mehr als nur ein Hütchenspielertrick. Sie kann gefährliche Folgen haben, und zwar im wahrsten Sinne des Wortes. Nehmen wir nur das Beispiel der Femizide, also der Morde an Frauen, die diese nicht zufällig treffen, sondern mit ihrem Geschlecht in Verbindung stehen. Was sind die Gründe dafür, dass die Zahl dieser Morde nicht nur in Deutschland unverändert hoch ist? In der rechten Szene ist man überzeugt, dass die Emanzipation Schuld an dieser Misere trägt. In diesem Punkt herrscht große Gemeinsamkeit mit den Islamisten. Natürlich lassen sich Frauen heute weniger gefallen, kennen ihre Rechte besser und sind finanziell unabhängiger als früher. Doch das ist nicht der Grund, der Männer zuschlagen oder zustechen lässt. Der Grund ist deren Unfähigkeit, die neuen Zeiten zu akzeptieren und Frauen als gleichwertig zu begreifen. Oder, um es mit den Worten von Hans Magnus Enzensberger aus seinem Buch *Schreckens Männer* zu sagen: »Dem, der sich eine Überlegenheit zuschreibt, die in der Vergangenheit als selbstverständlich galt, und der sich nicht damit abgefunden hat, dass die Tage dieses Primats abgelaufen sind, wird es unendlich schwerfallen, mit seinem Machtverlust fertigzuwerden.«

Männer, die Frauen schlagen oder töten, sind nicht Opfer des Feminismus, sondern höchstens Opfer ihrer eigenen Biografie. Vor allem aber sind sie Täter. An dieser Wahrnehmung darf auch die ausgefeilteste rechte oder islamistische Kommunikationsstrategie nichts ändern. Und wir müssen uns über eines im Klaren sein: Dieses Prinzip gilt nicht nur für das Verhältnis zwischen Männern und Frauen, sondern überall dort, wo emanzipatorische Entwicklungen Privilegien infrage stellen.

Das Beispiel zeigt deutlich, dass man nicht wirklich Opfer sein muss, um sich als eines zu inszenieren. Das zu erkennen ist wichtig. In der Opferpropaganda genügt die Behauptung. Es ist nicht wichtig, ob die Ajatollahs im Iran wirklich davon überzeugt sind, dass Israel das Unglück des Nahen Ostens ist und deshalb vernichtet werden muss. Es reicht, dass sie mit dieser Behauptung erfolgreich Politik machen und von innenpolitischen Problemen ablenken können. Es spielt keine Rolle, ob der russische Präsident Putin wirklich die Lüge glaubt, dass die NATO Russland umzingelt und bedroht. Es reicht, dass er damit einen großen Teil der Russen und sogar einen Teil der anderen Europäer auf seine Seite zieht.

Hält man kurz inne und überlegt, welches Bild von sich die Ajatollahs, Putin, Erdogan, Trump, Orbán, Höcke oder Salvini normalerweise nach außen tragen, kommt einem der Begriff Opfer sicher nicht als Erstes in den Sinn. Alle genannten Männer verkörpern Stärke, vermitteln ein klassisches und eindimensionales Bild von Männlichkeit. Sie umgibt der Mythos der Unantastbarkeit. In ihrem Handeln ist nichts Schwaches, nichts Defensives zu erkennen. Trotzdem gerieren sie sich, stellvertretend für ihre Völker, als durch eine herrschende Kaste Unterdrückte, Verachtete oder Ausgeschlossene. Diejenigen der Genannten, die selbst an der Macht sind und zumindest innenpolitisch nicht auf diese Erzählung zurückgreifen können, inszenieren sich eben als Opfer internationaler Verschwörungen. Irgendein böser Unterdrücker findet sich immer.

Diese Strategie hat für diejenigen, die sie anwenden, gleich mehrere Vorteile. Zunächst stellt sie eine gefühlte Einheit zwischen Bürgerinnen und Bürgern einerseits und den Anführern andererseits her. »Eine mythische Einheit von Führer und Volk«, hat Benito Mussolini, der Gründer des Faschismus, das genannt. Wir gegen die. Das alte Spiel. Das lenkt ganz wunderbar von innenpolitischen Problemen, von Skandalen und Korruption ab.

Dazu wird aggressives Handeln mit dieser Masche zur defensiven Notwendigkeit umdeklariert. Im Deutschland der Zwischenkriegszeit diente die Dolchstoßlegende dazu, das Volk auf nationalistische Linie zu bringen. Im heutigen Russland liefen die Berichte über die Unterdrückung der ethnischen Russen auf der zur Ukraine gehörenden Krim in den Staatsmedien in Dauerschleife. Der Völkerrechtsbruch durch die russische Annexion der Halbinsel wäre ansonsten vielleicht auch in Russland kritischer gesehen worden.

Donald Trump, der selbst ernannte große *Dealmaker*, nutzt sein *Twitter*-Konto täglich dazu, das Bild von der verfolgten Unschuld zu verbreiten, gegen die sich das politische Establishment seit dem Tag seiner Wahl verschworen hat. Nichts, aber auch gar nichts macht er jemals falsch. Sämtliche der von ihm angeordneten Maßnahmen sind legal, zielführend und zum Besten des amerikanischen Volkes. Selbst wenn er einmal völlig danebenlag, liegt er nach eigenen Worten letztlich vollkommen richtig. Man denke nur an seine ersten Reaktionen auf die Corona-Epidemie. Fakten, die Gegenteiliges belegen, stören da nur.

Die AfD will da natürlich nicht zurückstehen und schafft es in Person ihres Co-Parteichefs Tino Chrupalla nur wenige Tage nach dem tödlichen Anschlag von Hanau im Februar 2020 sich selbst als Opfer einer Kampagne zu inszenieren. Dass die Narrative der AfD und die Hirngespinste des Täters von Hanau nicht zu übersehende Überschneidungen haben, spielt dabei natürlich keine Rolle. »Wenn das so weitergeht, dann haben wir in den nächsten Jahren einen Bürgerkrieg«, formulierte der AfD-Politiker. Was als Warnruf eines vermeintlichen Opfers daherkommt, verstehe ich als Drohung.

Die bedrohte Unschuld zu spielen, um inhaltlich immer radikaler auftreten zu können – diese Strategie ist ebenso perfide wie ausgeklügelt. Der inzwischen durch die Ibiza-Affäre zu Fall gekommene und aus seiner Partei ausgeschlossene ehemalige FPÖ-Chef Strache behauptete sogar: »Wir sind die neuen Juden!« Für rechtsextreme Politiker besitzt eine solche Aussage doppelten Charme, denn sie befördert einen nicht nur in die heiß geliebte Opferrolle, sondern taugt ganz nebenbei noch zur Relativierung des Holocaust.

Auch rund um die Ibiza-Affäre selbst gerierte sich Strache als Opfer einer Intrige, relativierte seine Verfehlungen und erzielte danach bei der Europawahl 2019 einen riesigen persönlichen Erfolg. Dass keine seiner Äußerungen erzwungen und er für sein Verhalten ganz allein verantwortlich war, auf diese Diskussion ließ sich Strache nicht ein. Er wusste genau, was seine Anhänger hören wollten. Und das gilt nicht nur für ihn.

Björn Höcke, rechter Scharfmacher und Landesvorsitzender

der AfD in Thüringen, gibt die Richtung in seinem Buch *Nie zweimal in denselben Fluss* vor. »Existenzbedrohende Krisen erfordern außergewöhnliches Handeln«, formuliert er. Darunter kann sich jeder vorstellen, was er oder sie will. Genau das ist der Zweck solcher Formulierungen. Denn was auch immer das Individuum für sich als Handlungsauftrag daraus ableiten mag, Höcke stellt vorab den Persilschein aus: »Die Verantwortung dafür tragen dann diejenigen, die die Notwendigkeit dieser Maßnahmen mit ihrer unsäglichen Politik herbeigeführt haben.«

Nach dieser Logik sind die Taten von Stephan E., dem mutmaßlichen Mörder des Kasseler Regierungspräsidenten Walter Lübcke, von Stephan B. in Halle oder von Tobias R. in Hanau die Schuld der demokratisch gewählten Regierung, des Systems, der Gesellschaft.

Auch die Tat eines Anis Amri in Berlin gehört in diese Aufzählung. Erklärt man sich öffentlich zum armen, von den Protagonisten der liberalen Demokratie gequälten Opfer, wird in letzter Konsequenz sogar Mord zur angemessenen Verteidigungsstrategie.

Ein sehr deutsches Problem

Einer meiner Freunde, der viel Zeit in Frankreich verbringt, hat mir vor einigen Jahren berichtet, dass die französische Nationalheldin Jeanne d'Arc inzwischen in Teilen der Gesellschaft verpönt ist. Der Grund dafür überrascht.

Johanna von Orléans, wie sie im deutschen Sprachraum genannt wird, wurde von der politischen Mitte lange Zeit eher stiefmütterlich behandelt. Deswegen konnte sie von der politischen Rechten als symbolische Kämpferin gegen das Establishment in Stellung gebracht werden. Doch statt um die Deutungshoheit zu kämpfen, wandte sich die Mitte von ihrer Nationalheldin nur noch weiter ab und überließ sie kampflos den Rechtsradikalen.

Mein Freund und ich begannen zu diskutieren, inwieweit es ähnliche Phänomene in Deutschland gibt. Uns fielen einige Namen deutscher Persönlichkeiten im weiteren Sinne ein, deren Einordnung Gegenstand hitziger Debatten ist. Arminius etwa, der Cheruskerfürst, war nach allem, was man heute weiß, kein besonders sympathischer Zeitgenosse. Trotzdem hat er als Hermann, der Befreier Germaniens, einen wichtigen Platz in der Mythologie der deutschen Nation. Während er in der Mitte der Gesellschaft kaum Begeisterung auszulösen vermag, wird er im nationalistischen Milieu durchaus verehrt. Immerhin hat er aus der nationalen Perspektive etwas getan, was sich viele heute wieder wünschen, nämlich ausländische Invasoren vertrieben.

So richtig zufrieden war ich am Ende der Diskussion nicht. Nachdem sich am nächsten Morgen der Rotweinnebel verzogen hatte, setzte ich mich also mit einer Tasse schwarzen Kaffees an meinen Rechner und gab »deutsche Helden« in allen Variationen bei *Google* und *Amazon* ein. Männlich, weiblich, Einzahl, Mehrzahl, auf Deutsch und auf Englisch. Die Ergebnisse fielen irgendwo zwischen erwartbar und erschreckend aus, auf jeden Fall waren sie unbefriedigend.

Erwartbar, weil beispielsweise die deutsche Fußballnationalmannschaft, die mir als eines der ersten Suchergebnisse vorgeschlagen wurde, für mich trotz aller Erfolge nicht als Heldenkollektiv taugt. Erschreckend, weil ich bereits auf der ersten Seite der Resultate auf illustre Gestalten wie die Holocaust-Leugnerin Ursula Haverbeck und namenlose »Helden der Ostfront« traf, deren Teilnahme am Vernichtungsfeldzug gegen die Sowjetunion glorifiziert wird.

Es mag Menschen geben, die sich nach dieser Art von Held sehnen. Identitätsbildend für die Bundesrepublik Deutschland, einen liberalen Rechtsstaat, der auf den Trümmern zweier menschenfeindlicher Diktaturen aufgebaut wurde, können sie nicht sein. Schließlich war es das Versprechen bei der Gründung des neuen Deutschlands, es diesmal besser zu machen. »Was ist ein Held ohne Menschenliebe?«, fragte einst Gotthold Ephraim Lessing. Er bringt das deutsche Heldendilemma bestens auf den Punkt.

Natürlich ist diese besondere deutsche Situation in erster Linie selbst verschuldet. Das kann man nicht oft genug sagen. All unsere Nachbarn haben Partisanenführer oder Feldherren, die sich dem deutschen Furor in den Weg gestellt haben und dafür bis heute gefeiert werden. Dagegen leidet Deutschland geschichtlich bedingt unter einem Mangel an brauchbaren positiven Helden.

Die Heldengeschichten, die während der beiden großen Kriege erzählt wurden, taugen für die freiheitliche und liberale Idee nicht mehr. Die Kriegshelden aus dem Zweiten Weltkrieg würden nicht einmal AfD-Politiker als Vorbilder ins Spiel bringen. Die Millionen von Soldaten, die Ernst Jünger automatisch in den Heldenstand erhoben, sind zum Teil als Kriegsverbrecher überführt und verurteilt worden. Außerdem dürften sie spätestens in den Schützengräben erkannt haben, dass der Heldentod für ein paar größenwahnsinnige Anführer so gar nichts Heldenhaftes an sich hat. Die zahlreichen Denkmäler, die überall in Deutschland völlig unzeitgemäß *Unsere gefallenen Helden* ehren, ändern daran nichts.

Wer bleibt uns dann? Adenauer wirkt aus heutiger Sicht mit seinem Paternalismus und seiner Großzügigkeit gegenüber alten Nazis nicht mehr vermittelbar. Willy Brandt hat sich von der DDR einen Spion unterjubeln lassen. Kohl, der Vater der Einheit, hat sich bis zu seinem Tod durch Ehrenworte und Familienstreitigkeiten fast vollständig desavouiert. Auch die vielen Köpfe der friedlichen Revolution von 1989 schaffen es nicht, den Platz zu besetzen, den etwa die Aufrührer der Boston Tea Party in den USA oder die Revolutionäre von 1789 in Frankreich bis heute innehaben. Bismarck, der die Deutschen einte, führte Krieg gegen die Franzosen, die heute europäische Partner und Freunde sind. Luther war Antisemit. Kant auch. Irgendwas ist immer.

Also entschied ich mich, anders an die Sache heranzugehen und mich auf das Gespür derjenigen zu verlassen, mit denen ich ansonsten die wenigsten Gemeinsamkeiten haben dürfte. Die Rede ist einmal mehr von den neurechten Vordenkern rund um die AfD, die Identitäre Bewegung und ähnliche Gruppierungen. Ein Teil von deren Strategie ist es seit einer ganzen Weile, Persönlichkeiten und Motive, von denen sie glauben, dass sie in der Mitte der Bevölkerung positiv besetzt sind, in ihrem Sinne umzudeuten. Ganz so, wie es die französische Rechte mit Johanna von Orléans vorgemacht hat. Warum also nicht schauen, wen und was man sich dort herausgepickt hat?

Typisch für AfD, Pegida und ähnliche Gruppen ist die Vereinnahmung von wesentlichen Begriffen aus der Zeit des Mauerfalls. *Wir sind das Volk* als Ruf auf Demonstrationen gehört längst zum rechtsradikalen Standard. Bei Wahlen in Ostdeutschland wurde von der AfD mit den Slogans *Wende 2.0* und *Vollende die Wende* geworben. Keine Frage, die Wende ist ein emotionales Thema und hat Figuren hervorgebracht, die in der Gesellschaft positiv wahrgenommen werden. Da lohnt es sich, genauer hinzuschauen. Auch weil mit der Vereinnahmung der ostdeutschen Widerständler ein zweites strategisches Ziel verfolgt wird. Man will die Bundesrepublik von heute mit dem Unterdrückungsstaat DDR damals gleichsetzen.

Das zweite große Thema, das von neurechten Gruppen für sich genutzt wird, ist der Widerstand im Nationalsozialismus. Ein Beispiel sind die Geschwister Scholl, die Gesichter der Widerstandsgruppe *Weiße Rose*. Beim sogenannten Trauermarsch von Chemnitz zeigte sich die AfD zum ersten Mal ganz ungeniert mit Pegida-Aktivisten und wichtigen Köpfen des rechtsextremistischen Spektrums Seite an Seite. Vonseiten der Veranstalter waren damals als Symbole lediglich »schwarz-rot-goldene Fahnen und die weiße Rose als Zeichen der Trauer« zugelassen. Die weiße Rose am Revers von Björn Höcke, der vom Verfassungsschutzpräsidenten Thomas Haldenwang als Rechtsextremist bezeichnet wird. Eine weitere weiße Rose in der Hand von Andreas Kalbitz, dem AfD-Chef in Brandenburg, mit nachgewiesen rechtsextremer Vergangenheit. Dagegen wirkt die französische Geschichte rund um Johanna von Orléans fast harmlos.

Auch bei diesem Thema schwingen zwei weitere strategische Botschaften mit. Erstens kann, wer die Symbole des Widerstands gegen die Nationalsozialisten für sich nutzt, kein Nazi sein, oder? Zweitens signalisiert der Rückgriff auf die *Weiße Rose* auch, was gewissermaßen der Kern der Legende der neuen Rechtsradikalen ist: Es ist wieder so schlimm wie unter Hitler. Wer den Widerstand von damals für legitim hält, muss sich nach dieser Lesart heute auf ihre Seite stellen und in den Kampf gegen die verfassungsmäßige Ordnung der Bundesrepublik einreihen. Das ist natürlich perfide, aber gut gemacht und nicht verboten.

Ein weiteres Beispiel für die beschriebene Vereinnahmungsstrategie ist die Wirmer-Flagge, die eine Zeit lang als deutsche Nationalflagge im Gespräch war und bei den Pegida-Demonstrationen neues Leben eingehaucht bekommen hat. Die Flagge mit dem schwarz-gelben Kreuz auf rotem Grund war in der Planung des Stauffenberg-Attentats für den Fall des Gelingens als Ersatz für die Hakenkreuzfahne vorgesehen.

Kaum jemand kennt diese Geschichte, ich frage eigentlich bei jeder meiner Veranstaltungen danach. Ein, vielleicht zwei Hände gehen nach oben. Das sind wunderbare Voraussetzungen für rechte Manipulatoren. Wissenslücken oder zumindest Unklarheiten in der Deutung von Vorgängen, Symbolen und Persönlichkeiten bieten genau den Raum, den es braucht, um

Geschichten über die Vergangenheit neu zu deuten. Immer mit Blick auf die Zukunft und in der Absicht, diese Neuinterpretation in die Mitte der gesellschaftlichen Debatte einsickern zu lassen. Die rechte Szene weiß, was gemeint ist, während der Rest der Gesellschaft nicht durch Reichskriegsflaggen oder ähnliche Symbolik irritiert wird. So sind alle zufrieden.

Überhaupt ist Stauffenberg als wichtigstes Gesicht des Umsturzversuches vom 20. Juli 1944 ein Phänomen, das man sich genauer ansehen muss. Er ist inzwischen gewissermaßen der Liebling der Neuen Rechten. In einschlägigen Onlineshops finden sich zahlreiche T-Shirts mit seinem Konterfei und Aussagen wie »Merkel länger an der Macht als Hitler – und kein Stauffenberg in Sicht«. In einem Shop für »patriotische T-Shirts« findet man den Hinweis: »Ein deutscher Held, der auch in der bundesdeutschen Realität geehrt wird – wenngleich Stauffenberg für uns für viel mehr steht, als es die offiziöse Geschichtsdeutung zulässt.« Und weiter: »Es lebe das Geheime Deutschland!«

Damit ist klar, woher der Wind weht. Das *Geheime Deutschland* ist ein Begriff mit einer rechtsextremen Geschichte, die in die Zeit um 1900 und auf den Schriftsteller Julius Langbehn zurückgeht. Sie trägt den Traum von einer revolutionären Umgestaltung Deutschlands in sich. Stauffenberg soll einigen Quellen zufolge vor seiner Erschießung ausgerufen haben: »Es lebe das Geheime Deutschland!« Vermutlich gehört diese Behauptung in den Bereich der Legenden. Aber genau damit haben wir es zu tun: mit dem Versuch einer gezielten Legendenbildung.

Die neurechte Szene arbeitet also fieberhaft daran, Stauffenberg zu ihrem Helden zu machen und ihn für den Rest der Gesellschaft nach und nach in ihrem Sinne umzudeuten. Gegen dieses Ansinnen wehren sich die Nachfahren des Hitler-Attentäters zwar mit allen ihnen zur Verfügung stehenden Möglichkeiten. Doch sie haben mit einem Umstand zu kämpfen, der es ihnen schwer macht. In Stauffenbergs Leben gab es eine ganze Menge Unklarheiten und Uneindeutigkeiten, über die sich die Historiker bis heute streiten. Er selbst kann nicht mehr bei der Einordnung helfen. Das heißt aber auch, dass er nicht widersprechen kann, wenn jemand versucht, ihn für seine antidemokratischen Ziele zu vereinnahmen. Genau diese Ausgangslage spielt rechten Strategen in die Hände.

Es gibt aber auch ganz andere Fälle. Man denke nur an Georg Elser, den Hitler-Attentäter aus dem Jahr 1939. Während sich der Rest von Deutschland 75 Jahre nach seinem Tod langsam an ihn zu erinnern beginnt, ignorieren ihn diejenigen, die sich auf Stauffenberg oder die Geschwister Scholl stürzen, um sie zu »ihren Leuten« umzudeklarieren.

Der mutige Tischler aus Königsbronn im Württembergischen passt nicht ins Schema. Während Stauffenberg ein stramm national denkender Mensch war und Sophie und Hans Scholl vor ihrer Meinungsänderung früh und begeistert in der Hitlerjugend mitgemischt haben, bietet Elsers Biografie keine derartigen Lücken, in die man Interpretationen einfließen lassen könnte.

Georg Elser hatte früher als die allermeisten Deutschen erkannt, dass das Land unter Hitler auf dem Weg in einen unheilvollen Totalitarismus war. Dafür gab es im Nachkriegsdeutschland natürlich wenig Applaus. Man hatte es sich hinter der Verteidigungslinie gemütlich gemacht, man habe ja nichts gewusst, höchstens Befehle ausgeführt und ohnehin nichts tun können. Ein einfacher Tischler aus der Provinz, ein armer Schlucker aus einem gewalttätigen Elternhaus, der die Zeichen der Zeit so klar erkannt hatte, entlarvte all diejenigen, die nach dem 8. Mai 1945 nicht um kreative Ausreden verlegen waren. Das war und ist keine Geschichte, die Rechte hören wollen, egal ob alte oder neue.

Zwar definierte sich Elser als Arbeiter und war Mitglied in verschiedenen kommunistischen Organisationen. Allein dadurch hätte er sich als Held der Neurechten disqualifiziert. Noch »schlimmer« aber ist sein Verfassungspatriotismus in Bezug auf die Weimarer Reichsverfassung, der auch in seinen Vernehmungsprotokollen durchscheint. Wahren Demokraten wird er damit sympathischer. Für Demokratiefeinde von rechts ist er allerdings für alle Zeiten verbrannt.

Alexander Gauland, der AfD-Fraktionschef im Deutschen Bundestag, schrieb noch 2002 in seinem Buch *Anleitung zum Konservativsein,* die »Welt durch Markt und Menschenrechte zu erneuern, ist in Wahrheit eine intellektuelle Rebarbarisierung«. Im Gegensatz dazu wusste es der Tischler Elser mit seinen sieben Jahren Schulbildung schon 1939 besser. Er stand selbst im Gestapoverhör und unter Folter für die Werte ein, die später als Grundrechte in die deutsche Nachkriegsverfassung eingingen.

Ich denke, Elser hätte mit seinen Überzeugungen gut in den Parlamentarischen Rat gepasst, der sich nach dem Zweiten Weltkrieg daranmachte, für Deutschland einen demokratischen Verfassungstext zu erarbeiten. Christian Bommarius schrieb in seinem Buch *Das Grundgesetz: Eine Biografie* zur Zusammensetzung des Parlamentarischen Rates: »Wäre einige Jahre früher, bis Mai 1945, die Frage gestellt worden, wer da in Bonn zusammengekommen sei, hätte die Antwort der Mehrheit der Deutschen gelautet: ehemalige Zuchthäusler und KZ-Häftlinge, Volks- und Staatsverräter, politisch Unzuverlässige, Defätisten und andere ›Charakterschweine‹.«

Wer sich also mit einem autoritären System in der einen oder anderen Weise angelegt hat, der scheint einen zweiten Blick wert zu sein. Man kann diesen Menschen aufgrund ihrer Geschichten meist unterstellen, dass sie heute auf der Seite der liberalen Demokratie stehen würden. Doch das zu wissen alleine reicht nicht.

Die Aufgabe für uns alle ist es, endlich zu akzeptieren, was Holger Stark, der Leiter des Investigativ-Ressorts von der *Zeit,* auf den Punkt formuliert hat: »Das Problem, so viel ist unstrittig, ist also kein rechtliches, sondern ein gesellschaftspolitisches. Und ein moralisches.«

Rechtsextreme kommen in diesem Land trotz der verschärften Gangart des Verfassungsschutzes bisher damit durch, dass sie ihre Botschaften mithilfe von demokratischen Symbolen, Parolen und Helden verschleiern und vernebeln. Sie erfahren Akzeptanz in der Mitte der Gesellschaft. All das ist nicht im Interesse unserer liberalen Demokratie. Deshalb wird uns nichts anderes übrig bleiben, als den Kampf um die Deutungshoheit über Persönlichkeiten und Symbole unseres Landes anzunehmen.

Das heißt konkret, dass wir uns um Persönlichkeiten wie Stauffenberg bemühen müssen, auch wenn seine Weste aus heutiger Sicht nicht unbefleckt ist. Es heißt auch, dass wir uns an Menschen wie Georg Elser viel aktiver erinnern müssen.

Die Herausforderung wird nicht kleiner mit der Zeit, die seit dem Tod eines demokratischen Helden oder einer demokratischen Heldin vergangen ist. Aber es lohnt sich, sie anzunehmen.

Helden im Wandel

Der 1969 gedrehte Film *Hercules in New York* ist so schlecht, dass er eigentlich längst in Vergessenheit geraten sein müsste. Dazu kam es nur deswegen nicht, weil ein gewisser Arnold Schwarzenegger in diesem Film seine erste Hauptrolle hatte. Schwarzeneggers weiterer Werdegang ist bekannt. Auf Herkules (im Deutschen auch Herakles) folgten weitere Filmrollen mit vielsagenden Titeln wie *Conan der Babar*, *Predator*, *Eraser* oder *Terminator*. Ein »muskelbepackter Mann mit einem gewaltigen Körperbau und einer Keule: die ständige Terrordrohung, der moderne Held im antiken Gewand«, beschrieb Michael Naumann in seiner Habilitationsschrift diesen Typus. Man traut diesem typischen alten Helden nicht viel mehr zu, als zuzuschlagen.

Eher überraschend war angesichts dieser Vorgeschichte die zweite Karriere des Austroamerikaners als Gouverneur von Kalifornien. Der Mensch Arnold Schwarzenegger hat in der Zeit seit 1969 offensichtlich eine bemerkenswerte Entwicklung durchgemacht, die ihm Erfolge auf so unterschiedlichen Feldern wie Bodybuilding, Schauspielerei und Politik ermöglichte. Hut ab.

Nun kann nicht jeder ein Arnold Schwarzenegger sein. Wie wäre es mit einem Gedankenspiel? Was würde mit dem muskulösen Herkules wohl geschehen, würde er aus dem Nichts in unsere heutige Welt geworfen? Wo braucht es noch Männer, die ihren Selbstwert aus der reinen Körperlichkeit ziehen? Der Veränderungsdruck durch die Technologie würde den Muskelmann unvermittelt treffen. Oder, um es mit Michael Naumann zu sagen: Die Keule wird »durch eine Kalaschnikow ersetzt werden, oder, wie Hegel gesagt hätte, Heldenmut ist keine männliche Tugend mehr, er ist abstrakt geworden«.

Man stelle sich also einen Herkules vor, der vor allem die Fähigkeiten mitbringt, Löwen zu erwürgen oder Hirschkühe zu jagen, und der noch dazu seinen Jähzorn nicht im Griff hat. Was in der Vergangenheit ein Held war, mit dessen Darstellung man den Sprung in den Filmolymp schaffen konnte, gilt heute in weiten Teilen der Gesellschaft als Beschreibung von toxischer Männlichkeit.

In dieser Entwicklung, die sich innerhalb weniger Jahrzehnte vollzogen hat, steckt ein gehöriges gesellschaftliches Konfliktpotenzial. Für Männer vom Typ Herkules scheint es keine Aufgaben mehr zu geben, die Status oder zumindest ein Mindestmaß an Würde garantieren. Auch ein klar definierter Feind, an dem er sich abarbeiten könnte, ist nicht in Sicht. Die

Losung *Einmal Held, immer Held* geht nicht mehr auf. Oder braucht es einfach nur einen anderen Blick?

Die Frage, wie man Vergangenheit und Gegenwart unter einen Hut bekommt, stellt sich nicht nur für den hypothetischen Herkules, sondern auch für einige ganz reale Protagonisten der DDR-Bürgerrechtsbewegung.

Wer, außer vielleicht ein paar ewig gestrige DDR-Nostalgiker, wollte in Zweifel ziehen, dass diese Heldenhaftes vollbracht haben. Sie organisierten Widerstand und Protest, ohne zu wissen, ob die Staatsmacht nicht mit aller Gewalt zurückschlagen würde. Sie riskierten ihre kleine Freiheit und ihre Gesundheit für den Traum von der großen Freiheit. Sie waren bereit, die Konsequenzen ihres Handelns zu tragen, auch wenn das Haft und Sippenhaft bedeutete. Doch wie sieht es heute aus? Was ist etwa mit Vera Lengsfeld?

Fast zehn Jahre war Lengsfeld unter heftigen Schikanen in der Bürgerrechtsbewegung aktiv gewesen. Ihre Ausreise, die die Trennung von Freunden und Familie bedeutete, wurde vom DDR-Regime erzwungen. Später, nach der Wende, schloss sie sich den Grünen an, wechselte anschließend zur CDU. Inzwischen ist sie seit einigen Jahren im Dunstkreis der AfD zu finden und fällt mit skurrilen Auftritten und Erklärungen auf. Sie zieht beispielsweise Vergleiche zwischen der Spätphase der DDR und der heutigen Bundesrepublik, wie die *Neue Zürcher Zeitung (NZZ)* dokumentierte.

Lengsfeld steht mit dieser Entwicklung nicht alleine. Zahlreiche Bürgerrechtsaktivisten, die bis 1989 gegen ein autoritäres linkes Regime kämpften, zeigen inzwischen Sympathien für den neuen Autoritarismus von rechts. Das äußert sich etwa in der Unterstützung der AfD, in Besuchen bei Ungarns Ministerpräsidenten Viktor Orbán oder in öffentlicher Begeisterung für Russlands Autokraten Putin.

Eine Person aus diesem Dunstkreis, eine nicht unbekannte Publizistin, habe ich in einem vollständig anderen, nicht öffentlichen Kontext kennengelernt. Ich nenne ihren Namen an dieser Stelle deshalb nicht. Die Geschichte möchte ich trotzdem erzählen. Wir hatten uns von Beginn an gut verstanden und waren einige Male gemeinsam ein Eis essen, wenn es sich ergab. Diese Frau mit ihrer widerständigen Biografie hatte in ihrem Leben große Willensstärke bewiesen. Was mir auffiel, war aber eine unübersehbare Unsicherheit in Alltagsdingen, die so gar nicht zu ihrem Bild in der Öffentlichkeit passen wollte.

Dieser Eindruck verstärkte sich, als sie mich zu sich nach Hause einlud. Ich landete in einer riesigen Wohnung in einer der besten Gegenden Berlins, wo ich an Dunkelheit, Lieblosigkeit und kaltem Zigarettenrauch zu ersticken drohte. »Ich komme nicht viel raus«, war die Entschuldigung meiner Gastgeberin, die mir nur Wasser aus der Leitung anbieten konnte.

Dabei war dieser Zustand nicht etwa durch körperliche Einschränkungen verursacht, sondern ganz offensichtlich durch eine Form selbst gewählter Distanz zur Welt. Aus der netten älteren Dame, die sich zuvor gefreut hatte, dass jemand mit ihr ein Eis essen ging, brach plötzlich und ohne Vorankündigung ihr Hass auf diese Welt heraus, insbesondere auf die Kanzlerin, die Muslime und die Presse. Das Weltbild, mit dem ich konfrontiert wurde, war wenig komplex. Sie wisse, wovon sie rede, wenn sie sage, wir seien wieder auf dem Weg in eine Diktatur. Dagegen helfe nur radikaler Widerstand, wie er sich bereits in den Salons dieses Landes organisiere. Das war vor der Gründung der AfD. Im Rückblick gehe ich davon aus, dass sie von den Gründungsvorbereitungen sprach.

Ich musste also feststellen, dass ich mich in meiner Gastgeberin ebenso getäuscht hatte wie sie sich vermutlich in mir. Aus ihrer Geschichte hatte ich abgeleitet, dass sie gegen autoritäres und menschenverachtendes Denken immun sein müsste. Doch ich hatte mich geirrt. Warum sie allerdings dachte, ich wäre einer von ihnen, werde ich vermutlich nie erfahren. Der

Besuch dauerte auf jeden Fall nicht mehr allzu lange. Ich war wirklich froh, als sich die Wohnungstür hinter mir schloss.

Natürlich beschäftigte mich die Geschichte eine Zeit lang. Wie, so fragte ich mich, konnte jemand solche Vergleiche ziehen, der in der DDR tatsächlich über Jahrzehnte bespitzelt worden war und das Land vor dem Mauerfall hatte verlassen müssen. Ich begann zu überlegen, ob andere Widerständler heute möglicherweise genauso sprechen würden.

Was würde etwa Wolfgang Natonek sagen, ein früher Aktivist der liberalen Studentenbewegung in der DDR? Er hatte bereits in den Anfangsjahren des Landes erleben müssen, dass der Kampf für bürgerliche Freiheiten nach dem Nationalsozialismus nicht beendet war. Immerhin hatte er die Wende kurz vor seinem Tod noch erleben dürfen. Dem Oppositionellen Arno Esch war das nicht vergönnt, er wurde 1951 in Moskau hingerichtet. Sein Kampf für die Freiheit war ehrenvoll, aber leider nicht von Erfolg gekrönt. Für mich werden diese beiden Männer für immer Freiheitskämpfer bleiben. Doch wissen wir tatsächlich, wo sie heute stehen würden?

Letztlich kennen wir von den meisten Menschen nur einen kleinen Ausschnitt ihrer vielschichtigen Biografien und laufen deshalb ständig Gefahr, mit unseren Einschätzungen fulminant danebenzuliegen. Der amerikanische Essayist Adam Gopnik hat sich über genau diese grundlegende philosophische Frage bereits im Jahr 2017 für den *New Yorker* Gedanken gemacht. Er stellte am Beispiel des Philosophen Voltaire fest, dass dieser natürlich nicht nur der Aufklärer war, an den wir uns heute erinnern. Vielmehr sei er einerseits ein geldgieriger, unternehmerisch denkender Mensch und ein Egoist gewesen, andererseits jedoch altruistisch, mutig und großzügig. Gopnik ist überzeugt, dass keine bekannte Persönlichkeit genau das war, was unser Bild von ihr prägt. Nur im Rückblick auf ein vergangenes Leben erscheint eine Persönlichkeit plötzlich so, als habe sie ihr ganzes Leben nur in den Sinn eines Anliegens gestellt. Voltaire bleibt auf diese Weise fast zwangsläufig als Aufklärer im Kopf. An Natonek und Esch erinnern wir uns als unbeugsame Gegner des DDR-Unterdrückungsregimes. Das waren sie auch, und das macht sie für freiheitsliebende Menschen zu Heldenfiguren. Zu weitergehenden Interpretationen sollten wir uns aber nicht hinreißen lassen.

Bemerkenswert an Fällen wie den beiden zuvor geschilderten ist jedoch, dass sowohl Vera Lengsfeld als auch die Publizistin, bei der ich zu Gast war, früher durchaus ein Gefühl für richtig und falsch hatten. Was ist seitdem passiert? Wie werden aus führenden Köpfen der friedlichen Revolution von 1989 plötzlich Agitatoren des Hasses?

Die Argumentationsketten von heute lassen den Schluss zu, dass manche den Sprung aus dem dauernden Dagegen nicht geschafft und sich einfach ein neues Feindbild gesucht haben. Das ist tragisch, aber vermutlich nicht mehr zu ändern. Nun müssen wir uns darüber klar werden, wie wir mit diesen Persönlichkeiten in Zukunft umgehen wollen.

Das ist nicht so einfach. Blendet man aus, was diese Menschen in der Vergangenheit für dieses Land und insbesondere für die Bürger in der DDR geleistet haben, und konzentriert sich auf diejenigen, die heute nicht mit rechten Parolen auffallen, verstümmelt man das eigene Gedenken. Blendet man hingegen die menschen- und demokratiefeindlichen Äußerungen von heute aus und tut so, als wäre nichts gewesen, legitimiert man diese Thesen.

Wie so oft hilft Schwarz-Weiß-Denken nicht weiter. Es braucht eine kluge Lösung, die sowohl dem Anspruch des Erinnerns als auch dem Anspruch der demokratischen Wehrhaftigkeit gerecht wird. Auf jeden Fall muss eines klar sein: Wer heldenhaft gehandelt hat, darf dafür, aber auch nur dafür, gefeiert werden. Ein Anrecht, bis ans Ende aller Zeiten mit Samthandschuhen angefasst zu werden, erwirbt man dadurch nicht.

Die Sache mit den Frauen

Bis in die heutige Zeit hinein bedeutete Heldentum, dass eine (positive) Veränderung nur im Konflikt herbeigeführt werden konnte. Es ging um Risiko und Gewalt, Kampf und Opfer. Wobei die Helden fast immer männlich, die Opfer häufig weiblich waren. Helden zeigten sich lange vor allem als militärische Helden, die sich erfolgreich auf dem Schlachtfeld durchsetzten.

Selbst in der Bundeswehr gab es in den vergangenen Jahrzehnten einige Heldengeschichten zu erzählen. Die des Majors der Reserve Harald List etwa, der sich 1999 während des Kosovo-Einsatzes in Prizren einer Schar serbischer Paramilitärs in den Weg stellte und sie zum Rückzug bewegte. Der englische Korrespondent Alex Renton, der vor Ort war, beschrieb die Szene als »das Tapferste, das ich je erlebt habe«.

Frauen war die Tür zu dieser Art von Heldentum lange verschlossen. Als Harald List zum Helden wurde, kämpfte eine junge Frau an einer anderen Front, um überhaupt Teil der kämpfenden Truppe werden zu dürfen.

Im Jahr 1996, also fünf Jahre vor der Öffnung, hatte sich Tanja Kreil bei der Bundeswehr beworben und war abgelehnt worden. Weil sie eine Frau war. Anstatt die Zurückweisung zu akzeptieren, entschied sich Kreil, die Machtfrage zu stellen, und klagte vor dem Europäischen Gerichtshof (EuGH). Damit traute sie sich etwas, was vorher keine ihrer Geschlechtsgenossinnen gewagt hatte.

Vier Jahre später erklärte der EuGH, dass der entsprechende Artikel des Grundgesetzes gegen das gemeinschaftsrechtliche Gebot der Gleichstellung verstoße. Die Regierung fügte sich dem Urteil und machte den Weg für Tanja Kreil und alle anderen Frauen frei.

Inzwischen dienen mehr als 20000 Frauen in der Bundeswehr. Die Entscheidung hatte also weitreichende Auswirkungen auf das Leben vieler Menschen, denen endlich ein zuvor verschlossener Wunschberuf offensteht. Tanja Kreil persönlich blieb leider nur die Genugtuung über den Sieg. Sie hatte während des langen Gerichtsverfahrens längst eine andere Stelle angenommen. Umso mehr muss man ihr im Rückblick anrechnen, das Verfahren bis zum Ende durchgestanden zu haben. Sie musste mit Anfeindungen leben, ohne dass ihr selbst etwas außer der Gewissheit blieb, was viele junge Frauen ihr zu verdanken haben.

Dieser Fall ist bezeichnend dafür, dass Frauen sich die Möglichkeit, etwas zu bewirken, immer erstreiten mussten. Das gilt für viele gesellschaftliche und politische Felder. »Es war erkämpft. Nichts fällt uns in den Schoß«, sagte etwa die ehemalige Bundestagspräsidentin Rita Süssmuth während einer Feierstunde des Deutschen Bundestags anlässlich 100 Jahre Frauenwahlrecht. Man vergisst gerne, wie lange dieser Kampf gedauert hat.

Bereits 1848 stellte die Frauenrechtlerin Louise Dittmar angesichts der Wahl der Nationalversammlung in der Frankfurter Paulskirche bitter fest: »Wohl spricht man viel von Freiheit für alle, aber man ist gewohnt, unter dem Wort ›alle‹ nur die Männer zu verstehen.«

Drei Jahrzehnte später klang das bei Hedwig Dohm deutlich forscher, als sie feststellte, die Gesellschaft habe keine Befugnis, sie ihres »natürlichen politischen Rechts zu berauben«.

Noch einmal verstrichen vier Jahrzehnte, bis in der Weimarer Republik mit Marie Juhacz im Februar 1919 die erste Abgeordnete ans Rednerpult trat. Das Selbstbewusstsein war inzwischen sehr gewachsen. Nicht die Frauen seien der Regierung zu Dank verpflichtet, stellte Juhacz gleich recht unverblümt fest, denn diese habe den Frauen nur gegeben, »was ihnen bis dahin zu Unrecht vorenthalten worden ist«. Das saß.

Heldinnen werden in ihrer Zeit nicht immer als solche erkannt und müssen darauf hoffen, dass die Entwicklung auf ihrer Seite ist. Woran man sie allerdings zu allen Zeiten erkennen kann: Sie wollen keine Almosen, sondern beharren auf dem, was ihr Recht ist. Das war bei den alten Heldinnen so und ist bei den neuen Heldinnen nicht anders. Noch zu wenigen Menschen, vor allem zu wenigen jungen Frauen, sind allerdings die Geschichten dieser besonderen weiblichen Persönlichkeiten bekannt.

Neue falsche Vorbilder

Es kommt mir aus heutiger Sicht komisch vor, aber als ich Wirtschaftswissenschaften an der altehrwürdigen Universität Mannheim studierte, war Thomas Middelhoff für viele Studierende ein Vorbild. Und ja, auch für mich.

Die Jahrtausendwende lag hinter uns, und die Dotcom-Blase war gerade geplatzt. Wandel lag in der Luft. Der damalige Vorstandsvorsitzende von *Bertelsmann* schien die Zeichen der Zeit als einer der wenigen deutschen Topmanager richtig erkannt zu haben und eilte von Erfolg zu Erfolg. Dabei legte er eine Form der Weltgewandtheit an den Tag, die man so aus deutschen Unternehmen nicht kannte. Anders gesagt: Middelhoff stach aus der Masse heraus.

Wie viele Investmentbanker, die später die Finanzkrise von 2008 auslösten, lieferte Middelhoff für meine Studentengeneration ein falsches Vorbild. Ich bilde mir ein, dass ich heute kritischer wäre. Vielleicht auch nur, weil Middelhoff durch all die Skandale während seiner Zeit als *Arcandor*-Chef und durch die Verurteilung zu einer Gefängnisstrafe über Jahre hinweg für negative Schlagzeilen sorgte.

Er war ein mutiger Manager, der vom Übermut übermannt wurde, wie er mit einigen Jahren Abstand selbst zugibt. Und Übermut, so hat er dem *Harvard Business Manager* zu Protokoll gegeben, ist seiner Meinung nach vor allem die Abwesenheit der nötigen Demut, also der »Bereitschaft, im Interesse der Gemeinschaft und sozialer Verantwortung seine eigenen Interessen zurückzunehmen«. In diesen Worten schwingt eine gehörige Portion Selbsterkenntnis mit.

Auch er sei einem falschen Vorbild hinterhergelaufen und habe sich dabei verloren. In seinem Fall sei das Mark Wössner gewesen, sein Mentor und Vorgänger als *Bertelsmann*-Vorstandsvorsitzender, zu dessen billiger Kopie er geworden sei. Er habe seine eigene Wertebasis aufgegeben, begonnen, seinen Charakter zu verändern, und sich Dinge abgeschaut, die nicht konsistent waren mit dem, wie er eigentlich sei. »Mutig wäre es gewesen, zu sagen: Das mache ich nicht«, ist Middelhoff am Ende überzeugt.

Ich nehme ihm diese Erkenntnis durchaus ab. Das Problem ist allerdings, dass Middelhoffs kritische Auseinandersetzung mit seiner Vergangenheit bei Weitem nicht die Reichweite entwickeln wird wie sein falsches Handeln zuvor. Denn der einstige Topmanager, der sich heute so selbstkritisch gibt, hat mit zu verantworten, dass eine ganze Managergeneration noch heute falschen Zielen nachjagt. Man könnte es auch so ausdrücken: Es sind bereits deutlich mehr Kinder in den Brunnen gefallen, als Middelhoff nun davor bewahren kann, hineinzufallen.

Szenenwechsel. Jonathan Kalmanovich ist unter seinem Künstlernamen Ben Salomo bei Rap-Fans im deutschsprachigen Raum eine Hausnummer. Er war viele Jahre lang der Kopf hinter der erfolgreichsten deutschen Battle-Rap-Veranstaltung. *Rap am Mittwoch* füllte nicht nur in Berlin, Hamburg, Köln und anderswo in Deutschland Hallen und Klubs. Auch sein *YouTube*-Kanal wurde bis Ende 2018 rund 120 Millionen Mal geklickt und hatte fast eine halbe Million Follower. Das Format war etabliert, Ben Salomo als Macher und Moderator bekannt und beliebt. Er hatte fast ein Jahrzehnt ordentlich von seiner Kunst leben können. Dann warf der Rapper Ende 2018 überraschend alles hin, wohl wissend, dass er damit seine Existenzgrundlage vernichtete.

Warum tut jemand so etwas? Die Antwort macht mich auf das Jahr genau 75 Jahre nach dem Ende des Holocaust sehr, sehr traurig. Denn sie lautet Judenhass. Es war tatsächlich der um sich greifende Antisemitismus nicht nur in der deutschen Rap-Szene, der es für Ben Salomo immer schwieriger machte, seine Veranstaltung in Ruhe weiterzuentwickeln. Sein Ausstieg war nicht das Ergebnis einzelner dummer Kommentare, sondern vielmehr das Resultat eines langjährigen Prozesses. Dieser Prozess führte dazu, dass der Rapper Ben Salomo inzwischen sagt: »Die Deutsch-Rap-Szene ist in weiten Teilen so antisemitisch wie die Rechtsrock-Szene.« Das ist deutlich und macht verständlich, warum Ben Salomo als Jude sich nicht mehr in einem Umfeld bewegen kann, dem er über zwanzig Jahre angehörte.

Wohlmeinende bitten den Berliner immer noch, es sich noch einmal zu überlegen. Man könne doch am ehesten etwas von innen verändern, sind sie überzeugt. Lange hatte Ben Salomo genau das geglaubt, aber die Entwicklung ging immer weiter in die falsche Richtung. Früher waren es einzelne Rapper gewesen, die mit antisemitischen Verschwörungstheorien hantierten und mit der Konsequenz leben mussten, dass ihre Tapes von den großen Anbietern nicht mehr vertrieben wurden. Doch in den Jahren nach den Anschlägen vom 11. September 2001 in New York hatte sich die Szene zum Schlechteren verändert.

Ben Salomo beschreibt diese Entwicklung in seinem Buch *Ben Salomo bedeutet Sohn des Friedens* eindrucksvoll und mithilfe vieler prominenter und weniger prominenter, aber in jedem einzelnen Fall erschreckender Beispiele. Eine der bemerkenswertesten Episoden ist sicher die mit dem IS-Terroristen Abu Talha al-Almani.

Gehen wir auf eine Zeitreise. Wie jedes Jahr versammelt sich die links-alternative Szene am 1. Mai in Kreuzberg, um das *Myfest* zu feiern. Vor der Hip-Hop-Bühne stehen rund 2000 Menschen und huldigen den zahlreichen bekannten und unbekannten Rappern, die dort performen. Die Stimmung ist gut, aber nicht euphorisch. Das ändert sich schlagartig, als der hochdekorierte IS-Kämpfer Abu Talha al-Almani auf die Bühne springt. Noch bevor die ersten Beats über die Lautsprecher gehen, zieht er eine Flagge aus seinem Rucksack und hält diese hoch. Es ist die schwarze Flagge des Islamischen Staates. Der Rapper, der dort auf der Bühne die IS-Flagge schwenkt, ist nicht nur Kämpfer dieses selbst ernannten Staates, sondern tritt auch in dessen Propagandavideos auf. Dort ruft er zum bewaffneten Kampf gegen Christen auf und posiert mit den abgetrennten Köpfen seiner Opfer.

Die jungen Leute in Kreuzberg interessiert all das nicht. Sie jubeln ihm und seiner Terrorflagge zu. Ben Salomo, der sich nicht als Jude zu erkennen gegeben hat, ist fassungslos. Was ist aus seiner geliebten Rap-Szene geworden? Aus der Szene, die ihm, dem Kind, das in schwierigen familiären Verhältnissen aufgewachsen ist, Halt gegeben hatte, als er abzurutschen drohte. Aus der Szene, in der immer nur die Skills gezählt hatten und nie die Frage, woher man kommt oder welche Religion man hat.

Die Geschichte hört sich absurd an. So kann es nicht gewesen sein. Und ja, ich habe ein wenig geschummelt. Die Szene hat sich nur so ähnlich abgespielt, und zwar im Jahr 2007. Damals gab es den IS noch nicht, und der Kämpfer Abu Talha al-Almani, geboren als Dennis Cuspert, war unter seinem Künstlernamen Deso Dogg bekannt. Allerdings weniger wegen seiner Fähigkeiten als Rapper, sondern vielmehr wegen seiner *realness*. Das heißt, er spielte den kriminellen Gangster nicht nur, sondern er war es auch. Die gehisste Flagge war nicht die des IS, sondern die der Hisbollah. Das ist eine libanesische Miliz, die inzwischen sogar von der Arabischen Liga als Terrororganisation eingestuft wird. Ihr klar formuliertes Ziel ist die Vernichtung Israels. In Deutschland steckt sie hinter den regelmäßig stattfindenden Al-Quds-Demonstrationen, auf denen antisemitische Plakate und Sprechchöre wie: »Jude, Jude, feiges Schwein, komm heraus und kämpf allein«, fast schon zum guten Ton gehören.

Es ist eine Schande, wenn solche sogenannten Künstler auf einer mit staatlichem Geld unterstützten Bühne auftreten dürfen. Aber eine noch viel größere Schande ist es, wenn diejenigen, die vor der Bühne stehen, Menschen wie Deso Dogg oder der Hisbollah-Fahne völlig unkritisch gegenüberstehen und in frenetischen Jubel ausbrechen.

Leider muss man im Rückblick konstatieren, dass diese Geschichte von 2007 nicht etwa ein Einzelfall war, sondern nur ein früher Hinweis auf das, was folgen sollte. Inzwischen ist die Szene, die derzeit den größten Einfluss auf Kinder und junge Erwachsene haben dürfte, nicht nur von Sexismus, Frauenfeindlichkeit, Homophobie und Drogen- und Gewaltverherrlichung geprägt. Sie ist ein Propagandainstrument von Antisemiten geworden. Viele Songs, die in den Playlists junger und sehr junger Menschen in Dauerschleife laufen, sind durchsetzt von antisemitischen Verschwörungstheorien, Vernichtungsfantasien zu Israel und blankem Hass gegenüber Juden.

Da ist zum Beispiel Bushido, der Grandseigneur der deutschsprachigen Gangster-Rap-Szene. Auf dessen inzwischen verschwundenem *Twitter*-Konto mit damals über einer Million Followern fand sich lange Zeit eine stilisierte Landkarte des Nahen Ostens in den Farben Palästinas als Profilbild, ergänzt um den Slogan *Free Palestine*. Das Problem dabei war weniger, was man sah, sondern vielmehr, was man nicht sah. Nämlich Israel. Kein Platz für Juden im Nahen Osten also. Eine klare und zutiefst antisemitische Botschaft.

Auch der neue, selbst ernannte König des Deutsch-Rap will nicht an der Seitenlinie stehen. Felix Blume, besser bekannt unter seinem Künstlernamen Kollegah, hat sich inzwischen klar an die Spitze der Antisemiten im Deutsch-Rap gesetzt. Der *Echo*-Skandal rund um die Textzeile: »Mein Körper definierter als von Auschwitzinsassen«, aus dem Rap-Song mit dem Titel *0815* lenkt dabei eher von den eigentlichen Botschaften ab, die sich bei Kollegah finden.

Ein unbekannter Blogger unter dem Pseudonym Rothschild-Raptiloid hat lange einen Blog zum Thema Rap und Antisemitismus betrieben. Leider herrscht dort seit 2017 Stille, was sicher nichts damit zu tun hat, dass es nichts mehr zu berichten gäbe. Die Beiträge aus der Vergangenheit bleiben immerhin weiter abrufbar. Darunter findet sich eine genaue Analyse des Kollegah-Songs *Apokalypse* inklusive des dazugehörigen Videos. Die hat es in sich, weil es auch der über dreizehn Minuten lange Song und der dazugehörige animierte Clip in sich haben.

Die Story geht ungefähr so: Irgendwann in der nahen Zukunft ist die Erde weitgehend zerstört. Während alle hoffen, dass es aufwärtsgeht, findet der glorreiche Held (Kollegah) einen Geheimvertrag, der besagt, dass es noch schlimmer wird, weil ein Zyklop über die Erde herfallen wird. Der kommt dann auch, Kollegah besiegt ihn. Am Ende befindet sich die Menschheit im Paradies. Tatsächlich die ganze Menschheit? Nein, natürlich nicht. Als alles gut ist, fehlen plötzlich die Juden, die am Anfang noch dabei waren.

Ob das ein Zufall ist, vielleicht der Suche nach dem Flow oder dem besten Reim geschuldet? Das wäre eine Option, wenn nicht das gesamte Machwerk von der ersten bis zur letzten Zeile von Antisemitismus nur so triefen würde. Die natürlich jüdische Weltverschwörung wird gleich zu Anfang angedeutet. Dann heißt es weiter, man sähe »die Gefahr, von Palästina bis Katar«. Das sind genau die Länder, die im Kampf gegen Israel erst entstehen müssen (Palästina) oder die den Kampf gegen Israel gemeinsam mit dem Iran maßgeblich bezahlen (Katar). Da passt es auch ganz gut, dass Kollegah die Endschlacht flugs nach Ost-Jerusalem verlegt, wo dann »die letzte Bastion der Menschheit« sich mit »Kämpferherz« gegen die »unmenschliche Übermacht auf dem Tempelberg« wehrt. Das letzte Aufgebot der »Guten« also an den heiligen Stätten von Juden, Muslimen und Christen gegen die Juden, die als vermeintliche Unmenschen zu erkennen sind? Die Deutung zwingt sich auf.

Der Geheimvertrag, in dem nachzulesen ist, wie die Menschheit vernichtet werden soll, ist in Kollegahs Video offensichtlich in hebräischen Buchstaben geschrieben. Ich musste an die *Weisen von Zion* denken, eine antisemitische Hetzschrift aus dem 19. Jahrhundert, die immer noch zirkuliert, obwohl längst als Fälschung enttarnt. Im Folgenden fabuliert Kollegah von Blutlinien, die die Welt beherrschen. Natürlich fehlen dabei weder die Rothschilds noch die Rockefellers, denen unterstellt wird, an der Spitze der vermeintlichen jüdischen Weltverschwörung zu stehen.

Wer sich bis jetzt nicht mit Grausen abgewendet hat, der merkt deutlich: Kollegah ist keine noch so blödsinnige antisemitische Verschwörungstheorie zu dämlich. Der Gehilfe des Teufels, der vor Bildschirmen sitzend die Welt manipuliert, trägt selbstverständlich einen Siegelring mit Davidstern. Ach ja, und ganz am Ende verbrennt Kollegah dann eigenhändig Bücher. Nach dreizehn Minuten antisemitischer Propaganda wundert man sich darüber auch nicht mehr.

Die Botschaft hinter diesem Tabubruch und der klaren Bezugnahme auf die Bücherverbrennungen der Nationalsozialisten ist klar: Mir kann niemand etwas. Und Millionen junge Follower in den sozialen Medien feiern ihn genau für diese Attitüde.

Immer mehr Menschen wenden sich inzwischen zwar von

Kollegah ab. Doch was ist mit denen, die das sehen und hören und nicht immun gegen Judenhass sind? Mit denen, die in der Schule Nazizeit und Holocaust noch nicht durchgenommen haben und die deshalb nicht wissen, auf was Kollegahs Bücherverbrennungen anspielen? Mit denen, die antisemitische Verschwörungstheorien aus der Familie oder aus arabischen oder türkischen Fernsehsendern kennen?

Es ist die explosive Konstellation, die Kollegahs – und nicht nur Kollegahs – Wirken so gefährlich machen. Die Zielgruppe des Deutsch-Rap sind Jugendliche an der Grenze zum Erwachsenwerden und Kinder an der Grenze zur Jugend. Neun-, Zehn- oder Elfjährige hören Deutsch-Rap nicht nur ab und an und heimlich. Sie sind vielmehr eine der größten Zielgruppen und haben mit einer erschreckenden Selbstverständlichkeit Zugriff auf diese Musik. Eine Musik, in der Gewalt und Drogen verherrlicht, Frauen sexualisiert und zur Vergewaltigung freigegeben, Homosexuelle zu Verlierern degradiert und Juden für alles Unglück dieser Welt verantwortlich gemacht werden. Eltern und Lehrer zucken zum Teil mit den Schultern, zum Teil wissen sie gar nicht genau, was ihre Kinder sich da reinziehen.

Ich weiß nicht, welche der Reaktionen ich schlimmer finden soll. Denn in letzter Konsequenz haben beide den gleichen Effekt. Die Herabwürdigung von Minderheiten, die Glorifizierung von rücksichtslosem Egoismus und übelste antisemitische Verschwörungstheorien bleiben ohne Widerspruch und ohne Einordnung. Vermeintliche Wahrheiten aber, die nicht hinterfragt werden und außerdem in der Dauerschleife auf uns einprasseln, werden irgendwann zur unumstößlichen Wahrheit. Das gilt schon für Erwachsene, aber noch mehr für Heranwachsende.

Die gefühlte persönliche Nähe, die durch die bis ins letzte Detail orchestrierte Nutzung der sozialen Medien hergestellt wird, gibt den Fans das Gefühl, zur Familie zu gehören. Was sich für das Individuum gut anfühlen mag, ist gleichzeitig das Problem, wenn Rapper, die man anhimmelt wie große Brüder, ein krudes Weltbild verbreiten. Dabei lassen sie für das ungeschulte Auge nicht erkennen, wo die Grenze zwischen Kunstfigur und Person verläuft. Die Rapper machen, was sich verkauft. Die jungen Kunden konsumieren, was ihnen vorgesetzt wird. Wie bei Drogen brauchen sie eine immer stärkere Dosis, damit es auch weiter kickt. Ein Teufelskreis.

Wie wichtig diese Idole wie Musiker, Influencer, Schauspieler und was es sonst an Promis in Zeiten von *Facebook*, *Instagram* und *YouTube* gibt, für die Meinungsbildung der nächsten Generationen sind, lässt sich kaum überschätzen. Das zeigen auch die Beispiele Russland und Türkei, wo der Kampf um Köpfe und Herzen der Bevölkerung in einer zunehmend gespaltenen Gesellschaft stark über die Einbindung von Künstlern und anderen Idolen geführt wird.

Als es 2019 in Moskau rund um die anstehenden Kommunalwahlen Demonstrationen gegen die Nichtzulassung einer großen Zahl von Oppositionskandidatinnen und -kandidaten gab, setzten Demonstranten und Machthaber gleichermaßen auf die Influencer-Macht von Rappern.

Bei Putin ging das in diesem Fall zwar gleich doppelt schief. Denn erst versuchte seine Nomenklatura, bei einer Großdemonstration Auftritte von prominenten Rappern wie Face zu unterbinden, und wurde dafür auf offener Bühne durch den Kakao gezogen. Danach sorgte eine Auftragsarbeit des Rappers Timati, der in Russland eine wirklich große Nummer ist und Nähe zu den Herrschenden erkennen lässt, für eine Welle an Spott. Der zweite beteiligte Rapper namens Guf sah sich daraufhin sogar genötigt, sich von dem Stück und seinen Auftraggebern zu distanzieren. So viel Blamage war selten. Aber das wird vermutlich eine Ausnahme bleiben.

Es wird deutlich, für wie wichtig die in Propagandafragen geschulten Kreml-Strategen die Musikszene halten, wenn es um die Beeinflussung der Stimmung im Land geht. Wenn man sich sonst nur in wenigen Fragen den Einschätzungen der russischen Regierung anschließen sollte – an dieser Stelle wäre es klug.

Gekonnte Verführung

Der IS ist inzwischen weitgehend Geschichte. Aber nicht alle Geschichten rund um den IS wurden so erzählt, dass die Chance besteht, daraus etwas für die Zukunft zu lernen. Deso Dogg haben wir bereits kennengelernt. Es fehlt noch das Ende der Geschichte.

Deso Dogg starb wohl im Januar 2017 bei Kämpfen in Syrien. Er war Fanatiker bis in den Tod geblieben. Oder, wie es Hans Magnus Enzensberger vor bald vierzig Jahren formulierte: »Je mürber die eigene Identität, desto dringender das Verlangen nach Eindeutigkeit. Je serviler die Abhängigkeit von der Mode, desto lauter der Ruf nach grundlegenden Überzeugungen. Je weicher der Brei, desto fester die Prinzipien, und je hilfloser das Gezappel, desto inständiger die Liebe zur Konsequenz.«

Dennis Cuspert, Deso Dogg oder Abu Talha al-Almani mag vom Rapper zum Islamisten geworden sein, er mag innerhalb der islamistischen Szene mehrmals die Seiten gewechselt haben. Das wirkt zunächst wirr. Betrachtet man seinen Weg allerdings vom Ende her, hatte ihn sein »Verlangen nach Eindeutigkeit« recht zielsicher dorthin geführt, wo tatsächlich keine Schattierungen von richtig und falsch mehr geduldet wurden, nämlich in den Islamischen Staat.

Eine auf den ersten Blick ganz ähnliche Geschichte ist die des deutschen Thaibox-Stars Valdet Gashi. Mir begegnete Gashi zum ersten Mal im Rahmen einer Recherche zu einem

Buchprojekt über den Schweizer Thaiboxer Zidov Akuma. Die beiden Männer, Gashi mit Wurzeln im Kosovo und Akuma mit Wurzeln in Slowenien und Kroatien, waren sich im Ring begegnet und später, während ihrer gemeinsamen Zeit in Bangkok, zu Freunden geworden. Sie hatten nicht nur denselben Sponsor, sondern auch denselben Lebensstil.

Doch Gashi, obwohl sportlich erfolgreich und auch privat vermeintlich glücklich mit Frau und Kindern, veränderte sich. Auf seiner Facebook-Seite konnte man die Entwicklung hin zum radikalen Islamisten in Echtzeit mitverfolgen. Auf die Unterstützung eines inzwischen verbotenen Koranverteilungs-projektes und die Schließung seines islamischen Kampfsport-studios folgte eine Weile Funkstille. Dann tauchte Gashi in Syrien auf und schloss sich dem IS an. Seine Frau ließ er mit zwei Kindern in Deutschland zurück, eines davon war gerade erst geboren worden.

Genau wie Cuspert wurde Gashi aufgrund seiner Promi-nenz beim IS nicht nur herzlich empfangen, sondern als Ju-gendidol gleich für Propagandazwecke in den sozialen Medien eingespannt. Mindestens drei junge Männer aus der Schweiz, die zuvor in seinem islamischen Kampfsportstudio trainiert hatten, sollen ebenfalls beim IS gelandet sein.

Bis hierhin ähneln sich die Geschichten der beiden Deut-schen auf ihrem Weg in den IS sehr. Während Cuspert aller-dings öfter mit Propagandavideos Schlagzeilen machte, in de-nen er Deutschland mit Terror drohte und Gewalt verherr-lichte, legte Gashi Wert darauf, dass er nur zum IS gegangen sei, um nach den Regeln des Islams zu leben und Menschen zu helfen. Er sei nur Teil einer Patrouille gegen Schmuggel und nicht in Kampfhandlungen verwickelt.

Nachdem ich das Geschehen eine Weile verfolgt hatte, machte ich den liberalen Aktivisten Tobias Huch auf Gashi aufmerksam. Dieser schaffte es tatsächlich, mit dem IS-An-hänger über Facebook in eine Diskussion zu kommen. Zwar blieben die unterschiedlichen Positionen immer deutlich, trotzdem fasste Gashi Vertrauen und ließ durchblicken, dass er sich das Leben im vermeintlichen Paradies für Muslime etwas anders vorgestellt hatte. Vor allem die brutale Gewalt schien ihn abzuschrecken.

Huch schlug ihm daraufhin vor, anlässlich des anstehenden Ramadans nach muslimischem Brauch für die Freilassung von Sklaven zu sorgen. Konkret ging es um jesidische Sklavinnen. Der deutsche Aktivist mit guten Kontakten in kurdische und jesidische Kreise bot an, das nötige Geld zu beschaffen. Gashi willigte ein. Vermutlich war dieser menschliche Impuls sein Todesurteil.

Gashi wandte sich offenbar an die zuständigen Stellen in der IS-Verwaltung und trug sein Anliegen vor. Doch der ehemalige deutsche Thaiboxer besaß wohl ein zu naives Bild von den Menschen, mit denen er es zu tun hatte. Anstatt auf seine Idee einzugehen, reagierten diese verärgert, weil Gashi ohne Erlaubnis mit IS-Gegnern kommuniziert hatte.

Über den weiteren Fortgang der Geschichte gibt es unterschiedliche Vermutungen, auch der deutsche Verfassungsschutz hält mehrere Varianten für möglich. Wahrscheinlich ist, dass Gashi sich absetzen und über die türkische Grenze fliehen wollte, bei dem Fluchtversuch aber gefasst wurde. Der IS behauptet, Gashi sei bei einem US-Luftangriff ums Leben gekommen. Das gilt unter Experten als eher unwahrscheinlich. Zuzugeben, dass man eines der eigenen Propagandagesichter töten musste oder es ohne Waffen in ein Gefecht geschickt hatte, kam für den IS natürlich nicht infrage.

Damit wird der Unterschied zwischen den beiden prominentesten deutschsprachigen IS-Kämpfern offensichtlich. Während Cuspert sein Leben lang nach einer Rolle suchte, in der er seine destruktiven Gefühle ausagieren konnte, hatte Gashi sich schlichtweg verlaufen. Leider gab es keinen Weg zurück mehr, als er seinen Irrtum bemerkte.

Gashi hatte sich verführen lassen und am Ende selbst andere junge Männer verführt. Er war für manche Suchende ein Held, ohne dass diese verstanden hätten, dass er selbst falschen Vorbildern gefolgt ist. Ein Irrtum, den er mit seinem Leben bezahlt hat. Damit ist er ein trauriges Beispiel für das Funktionieren von Propaganda auf sozialen Medien, egal ob sie nun aus einer radikalen Ecke kommt oder aus einer kriminellen.

Die sozialen Netzwerke wie auch die immer realitätsnäheren Filme und Serien helfen in all diesen Fällen fleißig mit, den dazugehörigen Lifestyle zu glorifizieren. Wer in dieser Welt Fiktion und Wirklichkeit nicht mehr auseinanderhalten kann, reist dann zu seinen Helden in den Islamischen Staat, um für die Rechte der Muslime zu kämpfen, nur um am Ende in ein Minenfeld getrieben zu werden. Oder er wendet sich den Drogenbossen zu, weil er etwas vom glitzernden Luxusleben abhaben möchte, und landet als Junkie im Gefängnis. Oder er macht sich auf, um Juden und Migranten zu töten.

Das Leben als Terrorist oder Drogendealer ist nicht so aufregend, wie es einem die entsprechenden Organisationen vorgaukeln. Daher brauchen sowohl Terrornetzwerke als auch Drogenkartelle eine funktionierende Propaganda, die für dauerhaften Nachschub an leichtgläubigen jungen Menschen sorgt, die die Drecksarbeit machen und dabei sterben.

Vor diesem Hintergrund lassen sich Phänomene wie beispielsweise die Selbstdarstellung der dritten Generation von mexikanischen Drogenbaronen auf *Instagram* verstehen. Sie werben für ein Leben im Luxus, mit Drogen, schönen Frauen und Waffen. Die *narcocorridos* genannten Balladen bilden in Mexiko inzwischen ein eigenes Musikgenre und funktionieren vom Prinzip her so ähnlich wie Gangsta-Rap. Sie sind Teil des Versuchs, mit Mitteln der Propaganda das brutale Handeln der Drogenkartelle und das Leben ihrer Anführer zu glorifizieren.

Tausende Unbeteiligte kamen bereits zwischen den Fronten der verfeindeten Kartelle und der Staatsmacht zu Tode, Folter und Mord sind an der Tagesordnung. In diesem Krieg sollen die von den Kartellen beauftragten Sänger und Bands dafür sorgen, dass durch die Glorifizierung von Lebenden und Toten die Deutungshoheit aufseiten der Kartelle bleibt. Journalisten und NGO-Vertreter, die versuchen, die Wahrheit zu verbreiten, werden in diesem Szenario ganz schnell selbst zu Zielscheiben.

Das sind nur drei Beispiele von vielen, die ohne die breite Verfügbarkeit von digitalen Kommunikationsmöglichkeiten nicht vorstellbar wären. Ich bin davon überzeugt, dass Sprache und Bildsprache die Mittel sind, um Wirklichkeit in Besitz zu nehmen. Das ist keine ganz neue Erkenntnis, allerdings haben sich die Verbreitungsmöglichkeiten in den letzten Jahren vervielfältigt. Inzwischen kommt die Propaganda über die digitalen Kanäle direkt auf die Handys junger, verführbarer Menschen. Das hat natürlich Konsequenzen.

Als die Deutschen im Rahmen ihrer Nationenbildung die alten Sagen und Mythen wiederentdeckten, brauchte es eine Menge Arbeit von Dichtern und Heldensängern, um aus den Vergewaltigern, Verrätern und Mördern heldenhafte Vorbilder zu schaffen. Deren Tun musste dann natürlich zwangsläufig in der Schaffung des deutschen Nationalstaats münden.

In unseren vermeintlich postheroischen Zeiten wiederum erlauben die Inszenierungsmöglichkeiten von Fernsehen, Internet und sozialen Medien Sportler ebenso wie millionenschwere Wirtschaftsführer oder gar *YouTube*-Stars zu Helden zu stilisieren.

Wie die Helden aus den alten Mythen profitieren sie davon, dass jeder Held ein Publikum braucht, das bezeugen kann: Ja, hier hat jemand etwas Herausragendes vollbracht. Einen Helden ohne Zeugen, die von seiner Heldentat berichten können, gibt es nicht. Wer mit den neuen Möglichkeiten virtuos spielt, wird in der öffentlichen Wahrnehmung zum Helden, ohne Heldenhaftes vollbracht zu haben.

Seien wir ehrlich. So ganz können wir uns alle nicht den professionellen Inszenierungen von Film und Fernsehen, Sport, Musik und Politik entziehen. Als der Präsidentschaftskandidat Barack Obama im Jahr 2008 Berlin besuchte, strömten 250 000 Menschen zur Siegessäule, um ergriffen seinen Worten zu lauschen. Was interessiert da heute, dass sich während seiner Amtszeit am Ende nicht viel veränderte.

Es wurde in den USA fleißig weiter gefoltert. Der NSA-Skandal zeigte, dass die amerikanischen Geheimdienste auch unter seiner Präsidentschaft ihre Verbündeten belauschten – bis hin zum Handy der deutschen Kanzlerin. *Yes, we can!*

Unsere Sehnsucht nach Helden oder, besser, Idolen treibt heutzutage oft seltsame Blüten. Durch die realitätsnahen Bilder der Filme und Serien geht die Erkenntnis verloren, dass der Held auf dem Bildschirm in Wahrheit ein Schauspieler ist. Das führt im schlimmsten Fall zu Anfeindungen der Schauspieler, die die Filmbösewichte spielen.

Alex Schaad, der Gewinner des Studenten-Oscars von 2016, zeigt in seinen Filmen, dass er ein feines Gespür für gesellschaftliche Herausforderungen hat. Er beobachtet diese Entwicklung mit Kopfschütteln. »Das ist gelebter Eskapismus«, ist er überzeugt. Der trete immer dann auf, wenn Menschen auf der Erde unglücklich seien.

Die Antwort darauf kann natürlich nicht sein, Filme zu machen, die weniger realistisch wirken. Es geht vielmehr darum, an die Wurzeln des Eskapismus zu gehen.

Der Kampf um Köpfe und Herzen

as Volk versteht das meiste falsch; aber es fühlt das meiste richtig«, schrieb Kurt Tucholsky im Jahr 1931. Es dauerte danach nicht mehr lange, bis die Nationalsozialisten an die Macht kamen. Bereits 1933 verboten sie unter dem Applaus der großen Öffentlichkeit die von Tucholsky mitherausgegebene *Weltbühne*, verbrannten seine Bücher und erkannten dem überzeugten Demokraten die deutsche Staatsangehörigkeit ab. Hatte der kluge Mann sich in den Menschen getäuscht?

Die Antwort ist ein klares Nein. Denn das Zitat geht weiter: »Dass nun dieses richtige Grundgefühl von den Schreihälsen der Nazis missbraucht wird, ist eine andere Sache.« Damit hatte Tucholsky die zwei Ebenen beschrieben, die den emotionalen Diskurs kennzeichnen. Die Trennung dieser Ebenen geht aber umso eher verloren, je aufgeheizter die Atmosphäre ist.

Mit Blick auf die Umstände des Jahres 1931 war es eben die eine Sache, dass die Bevölkerung die Fehlentwicklungen in der Weimarer Republik deutlich wahrnahm, und eine ganz andere, dass diese Unzufriedenheit von Hitler und den Seinen am besten kanalisiert wurde. Hätte damals ein überzeugter Demokrat die emotionale Stimmung für sich zu nutzen gewusst, die Geschichtsschreibung sähe deutlich anders aus.

Warum das nicht gelang? Dafür gibt es zwei Erklärungsmodelle, die in der Realität vermutlich nicht völlig unabhängig voneinander existieren. Da ist zum einen die gut belegte These des freien Journalisten Heinz Verfürth, dass die Weimarer Republik vor allem an ihren Akteuren gescheitert ist. Während der Sozialdemokrat Friedrich Ebert als blasser Verteidiger der Verfassung zu wirken versuchte, brachte die Sehnsucht nach einem Ersatzkaiser letztlich Hindenburg ins Amt, wie Verfürth in *Das Parlament* darlegt.

Der Gegenentwurf zu dieser Position ist der strukturelle Ansatz, dass das bestehende System immer unter Beschuss gerät, egal um welches es sich handelt. Es ist einfacher, sich überspitzt und polemisch an den Mächtigen abzuarbeiten als an ihren Gegenspielern. So schrieb Voltaire mit spitzer Feder gegen Absolutismus und katholische Kirche an. Die Feministin Hedwig Dohm nahm sich 1902 in ihrem Buch *Die Antifeministen* das herrschende Patriarchat vor. Erich Kästner legte sich mit den Nationalsozialisten an. Und heute erleben wir eben, dass die Gegner der Demokratie versuchen, mit den Mitteln die politische Landschaft zu ihren Gunsten zu verändern.

Dafür werden allerlei Verschwörungstheorien bemüht. So etwa die einer geplanten »Umvolkung«, an deren Ende die Deutschen durch Migranten ersetzt werden. Oder es werden Einzelne als Verschwörer gebrandmarkt, wie etwa der Philanthrop George Soros. Vermeintliches Geheimwissen macht die Runde in größtmöglicher Öffentlichkeit. Die Anschläge vom 11. September 2001 beispielsweise waren eine Tat des Mossad und Corona eine Erfindung Israels, um damit Geld zu verdienen. Die Wissenschaft wird diskreditiert und als Instrument der Führungseliten denunziert. Das ist für diejenigen, die das betreiben, eine komfortable Strategie. Denn sie setzt bei dem Impuls an, dass es »die da oben« sowieso nur böse mit uns meinen. Und diese Geschichte funktioniert bei vielen Menschen.

Die antiliberale und antiwissenschaftliche Polemik emotionalisiert, sie schürt Angst, Wut und Hass. Der Mittelweg – differenzierte Betrachtung und seriöse Fakten – kann nie so spannend rüberkommen wie die aufregende Aufdeckung vermeintlicher Geheimnisse. Das Wissen über diese Schwäche des Liberalismus machen sich die Drehbuchschreiber aufseiten der Demokratiefeinde geschickt zunutze.

Krisenzeiten sind nicht automatisch gute Zeiten für Populisten. Aber sie sind gute Zeiten für Menschen mit einer Vision und Charisma. Wenn es unübersichtlich wird, suchen die Menschen nach Orientierung. Im Krieg oder in Zeiten eines gesellschaftlichen und technologischen Umbruchs, jedenfalls immer dann, wenn bisher unumstößliche Grundsätze auf einmal als überholt gelten, bekommen neue Köpfe eine Chance. Die überforderten Vertreter überholter Institutionen wirken in diesem Moment wie aus der Zeit gefallen.

Der konservative Historiker Thomas Carlyle hatte das bereits im 19. Jahrhundert erkannt. Große Männer wie Mohammed, Rousseau oder Napoleon tauchten genau dann auf, wenn sie in der Lage waren, eine entscheidende Rolle bei der Ausformung oder Umwandlung der Gesellschaft zu spielen, in der sie lebten. Weil neue Gesichter in der Regel nichts vorzuweisen haben, an dem man sie messen könnte, bleiben nur ihre Behauptungen über eine mögliche Zukunft, um zu entscheiden, ob man sich mit ihnen identifizieren kann und bereit ist, ihnen zu vertrauen. Das ist keine Frage des Verstandes und nüchterner Erwägungen. Es ist das Bauchgefühl, das die Entscheidung trifft. Und dieses Bauchgefühl mag einfache Antworten.

Eine entsprechende krisenhafte Unübersichtlichkeit erleben wir gerade, keine Frage. Nachdem sich die bipolare Weltordnung des Kalten Krieges aufgelöst hat, geht die Epoche zu Ende, in der die Vereinigten Staaten die einzige verbliebene Weltmacht waren. Wir erleben eine Zeit politischer Multipolarität mit China, der EU, Russland, Indien und einem aufstrebenden afrikanischen Kontinent als großen Playern neben den USA. Die fortschreitende Globalisierung mit ihren Herausforderungen, die ungelösten Fragen der Migration, der Klimawandel und, seit dem Aufkommen des Coronavirus, auch die Gesundheitsversorgung sorgen in Westeuropa für eine nie vorher gekannte Verunsicherung. Das überfordert viele Menschen – und wahrlich nicht nur diejenigen, die zuvor schon überfordert waren.

Populisten haben in dieser Konstellation einen doppelten Startvorteil. Erstens setzen sie ohnehin auf eine Rhetorik der Härte und geben sich zweitens kompromisslos. Während seriöse Kräfte komplexe Antworten auf die gleichermaßen komplexen Fragen der Zeit geben, negieren die einfachen Antworten der Populisten die Komplexität der Probleme. Der übergeordnete Wunsch nach Eindeutigkeit wird damit deutlich besser bedient als mit einem klugen Programm, das tatsächlich etwas bewirken könnte. Krisen erfordern deshalb größte Wachsamkeit und geistige Beweglichkeit bei Bürgerinnen und Bürgern. Wem das zu anstrengend ist, der findet bei den Populisten die gewünschten Antworten.

Die Zukunft ist ungewiss. Gewiss ist allerdings, dass sie sich in der Gegenwart als Krise zeigt. Wer erfolgreich Zukunft gestalten will, muss Ideen entwickeln, die nicht nur eine Alternative zur sich in Auflösung befindlichen alten Ordnung darstellen, sondern darüber hinaus die Menschen begeistern können. Nur wer das schafft, kann den Startvorteil der Populisten aufholen und am Ende als Sieger im Kampf um Köpfe und Herzen der Menschen durchs Ziel gehen.

SCHLACHTFELDER
FÜR HELDEN

Individuelles Bekenntnis

Es wird schon nicht so schlimm kommen.« – »Das geht wieder vorbei.« – »Die zerlegen sich irgendwann selbst, so war das immer.« Das sind Sätze zum Phänomen AfD, die ein gesamtgesellschaftliches Problem auf den Punkt bringen. Wenn man die eigene Lethargie nicht überwinden und sich nicht für das engagieren kann, was einem wichtig ist, redet man sich zumindest noch schnell ein, dass das auch gar nicht nötig ist. Dabei sind diese Sätze von der Geschichte bereits eindeutig widerlegt.

Nehmen wir als Kronzeugen etwa den jüdischen Bankier Max Warburg, der 1932 noch glaubte, das politische System könne nur durch einen heilsamen Schock wieder auf das richtige Gleis gesetzt werden. Zwar wusste er, dass es für die deutschen Juden unangenehm werden würde. Hitler hatte mit seinem Antisemitismus nicht hinterm Berg gehalten. Aber er schaute darüber hinweg und begrüßte die Nazibewegung sogar ausdrücklich. Sechs Jahre später dürfte ihm seine Fehleinschätzung bewusst gewesen sein. Da musste er Deutschland in Richtung Amerika verlassen und kehrte nie wieder zurück. Es ging eben nicht einfach vorbei. Und es kam so schlimm.

Auch Menschen, die sich ansonsten gerne aus der Politik heraushalten, werden früher oder später gezwungen, Farbe zu bekennen. Ich meine: Früher ist besser als später. Denn der Weg in den Autoritarismus, wie wir ihn in Ländern wie Ungarn, Polen, der Türkei oder Russland erleben, verläuft heute eher schleichend. Die Feinde der Demokratie geben sich heute nicht als solche, sondern täuschen sogar vor, die Demokratie nur vertiefen zu wollen, wie es der renommierte Populismusforscher und Harvard-Professor Yascha Mounk treffend beschreibt. Sein Buch heißt in der deutschen Übersetzung *Der Zerfall der Demokratie*. Das ist genau das, was wir erleben werden, wenn wir nicht klar Position beziehen. Es ist kein aktiver Prozess, der die Demokratie gefährdet, sondern die Passivität der Demokraten, die sie zerfallen lässt.

Max Warburg schaffte es auszuwandern. Bis zum letzten Tag in Deutschland half er Tausenden Jüdinnen und Juden als Fluchthelfer aus dem Land. Immerhin. Aber wie vielen konnte er nicht mehr helfen? Wer als Wirtschafts- oder Gewerkschaftsführer, als Künstler oder Sportler etwas zu sagen hat, sollte das tun, bevor es irgendwann nur noch mit entsprechenden Konsequenzen möglich ist.

Luz Long etwa gewann bei den Olympischen Spielen 1936 in Berlin die Silbermedaille im Weitsprung und fiel trotzdem bei Hitler in Ungnade. Er hatte sich während des Wettkampfs mit dem Afroamerikaner und späteren Goldmedaillengewinner Jesse Owens angefreundet und das auch unter den Augen des Führers offen gezeigt. Sein Lebensweg endete als Soldat in Süditalien, wo er verwundet wurde und starb. Es war die Kugel eines Amerikaners gewesen, die ihn getroffen hatte. Was für eine Ironie des Schicksals.

Das Individuum mit seinen Ansichten, Träumen und Wünschen geht in der Unterdrückungsmaschinerie einer autoritären Gesellschaft immer unter, dessen sollten wir uns bewusst sein. Wer kein Problem damit hat, in der Masse aufzugehen und seine persönlichen Bedürfnisse und Ansichten hintanzustellen, hinter die erklärten Anliegen einer vermeintlich homogenen Volksgruppe, für den mag dieser zwangsweise Verlust der Individualität attraktiv erscheinen. Wer allerdings auch nur ein wenig auf sich und seine eigene Meinung gibt, für den ist es Zeit zu handeln. »Die Demokratie ist die einzige politische Organisationsform, die den mündigen Bürger braucht«, schreibt Ulf Poschardt, der Chefredakteur der *Welt*-Gruppe, in seinem Anfang 2020 erschienenen Buch *Mündig*. Das stimmt.

In dieser Beobachtung steckt im Umkehrschluss jedoch auch: Alle anderen Systeme setzen auf eine gleichgeschaltete

Volksmasse statt auf das Individuum. Das sollte denjenigen bewusst sein, die in Krisenzeiten den Wunsch nach einem Systemwechsel äußern.

Es ist eine der Absurditäten unserer Zeit, dass die Notwendigkeit des Widerstands sich nicht gegen die Herrschenden richtet. Man braucht keine klammheimlichen Sabotageteams und Untergrundaktivisten, sondern vielmehr offen auftretende Demokratiewiderständler, wenn man so will. Davon ist auch der ehemalige EKD-Ratsvorsitzende Wolfgang Huber überzeugt, wie er im Gespräch mit der *Zeit* sagte: »Wir haben unbedingt Widerstand nötig! Nicht gegen den Staat, aber gegen politische Polarisierung, gegen Fremdenfeindlichkeit, gegen Antisemitismus.« Dabei sei dieser Widerstand, stellt Huber fest, in erster Linie eine innere Haltung. »Sie setzt voraus, dass ich bereit bin, zu dem zu stehen, was ich als wichtig erkannt habe. Dass ich auch öffentlich dafür eintrete. Und dass ich bereit bin, Risiken in Kauf zu nehmen«, sagt er. Und: »Aller Widerstand beginnt mit Überwindung.«

Mit der Überwindung der Angst? Vielleicht. Vor allem aber die Überwindung unserer aus der Sattheit geborenen Faulheit. Zu tun gibt es genug, auf vielen verschiedenen Feldern. Schlachtfeldern, wenn man im Duktus bleiben möchte.

Bürgerliches Selbstverständnis

Woran erkennt man eigentlich einen Rechtsradikalen? In den 1990er-Jahren hätte es darauf eine einfache Antwort gegeben. Glatze, Bomberjacke und Springerstiefel mit weißen Schnürsenkeln. Doch schon damals sprang diese Wahrnehmung zu kurz und erlaubte etwa den sich nach außen hin bürgerlich gebenden Republikanern Achtungserfolge. Die Partei hatte etwas erkannt, was heute noch gilt: Wer wirklich etwas bewegen will, muss in der Mitte der Gesellschaft anschlussfähig sein. Um das zu erreichen, sind Springerstiefel das denkbar ungeeignetste Mittel.

Es ist alles andere als ein Zufall, dass »bürgerlich« eine von den AfD-Spitzenleuten gebetsmühlenartig wiederholte Selbstbeschreibung ist. Das hat aus deren Sicht nämlich gleich zwei positive Effekte. Zum einen grenzt die Partei sich von den dezidiert antibürgerlichen Linken ab, insbesondere der Antifaschistischen Aktion (Antifa). Zwar versammeln sich unter diesem Etikett unterschiedlichste Strömungen mit teils gegensätzlichen Weltbildern. Doch die bloße Erwähnung reicht zumeist, um das sogenannte bürgerliche Lager in Angst und Schrecken zu versetzen und heftige Abwehrreaktionen zu provozieren. Zum anderen erreicht die AfD damit, dass viele Menschen bezweifeln, jemand könne radikal sein, wenn er sich selbst als bürgerlich bezeichnet.

Hinter dieser Strategie steckt eine Erkenntnis, auf deren Klaviatur Donald Trump bereits seit einigen Jahren virtuos spielt. Packt man die Leute emotional an der richtigen Stelle, spielen Fakten kaum eine Rolle. Dann geht auch eine Partei in Teilen der Gesellschaft als bürgerlich durch, deren Führungspersonal teilweise langjährig in der Neonazi-Szene verhaftet war und das sich in seiner Wortwahl zutiefst antibürgerlich gibt.

Unter dem Deckmäntelchen der Bürgerlichkeit spielt die rechte Szene erfolgreich mit Begriffen wie »gefühlte Wahrheit« und »gesunder Menschenverstand«. Beide Begriffe sind im allgemeinen Sprachgebrauch verbreitet, lassen jedoch einen weiten Spielraum für Interpretationen. Im politischen Kontext werden sie in der Regel nur in einer einzigen Situation eingesetzt. Nämlich immer dann, wenn man wissenschaftliche Erkenntnisse und harte Fakten unterlaufen und stattdessen die eigene Agenda mithilfe von Emotionen durchpeitschen will.

Man kann sich in der Bewertung ruhig an Albert Einstein halten: »Gesunder Menschenverstand ist eigentlich nur eine Anhäufung von Vorurteilen, die man bis zum 18. Lebensjahr erworben hat.« Ich würde ergänzen: Eine gefühlte Wahrheit ist im besten Falle eine halbe Wahrheit. Und eine halbe Wahrheit war noch nie etwas anderes als eine ganze Lüge. Ist das bürgerlich?

Zur perfiden Strategie gehört auch, dass sich die neuen rechtsradikalen Akteure in Abgrenzung zu Nazis oder Neonazis häufig auffällig israelfreundlich geben. Die Empörung nach jedem antisemitischen Vorfall mit muslimischen Tätern ist besonders groß. Dieses Vorgehen wird inzwischen ganz offen als »Selbstverharmlosung« bezeichnet; ein Begriff, der vom neurechten Aktivisten Götz Kubitschek geprägt wurde. Ganz so neu ist das Konzept allerdings nicht. Es wurde bereits vom inzwischen weitgehend in Vergessenheit geratenen ehemaligen Hamburger Innensenator Ronald Schill Anfang der 2000er-Jahre erfolgreich angewandt.

Dokumentiert hat Schill diese Strategie in seiner ansonsten von Sex- und Drogengeschichten dominierten Biografie aus dem Jahr 2014. So habe er, wie er dort schrieb, »Anthony, einen Schwarzafrikaner aus Ghana« direkt bei der Gründung seiner Partei in den Vorstand aufgenommen, um gezielt alle Rassismusvorwürfe zu konterkarieren. Außerdem trat er in die Deutsch-Israelische Gesellschaft ein: »Für meine Feinde aus der linken Ecke waren die Kampfbegriffe ›rechtsradikal‹, ›ausländerfeindlich‹ und ›antisemitisch‹ Holz vom gleichen Stamm. Wenn ich aber nicht antisemitisch war, wie konnte ich dann rechtsradikal sein?« Schill war einer derjenigen, die bewiesen haben, dass die Strategie der Selbstverharmlosung funktioniert.

Das gilt allerdings nur, wenn man bei den Bürgerinnen und Bürgern auf eine Mischung aus heimlicher Sympathie für rassistisches Denken, Desinteresse und Unwissenheit trifft.

Genau an dieser Stelle setzt auch die neurechte Theorie des *Ethnopluralismus* an. Zwar findet man dort nicht die klassischen rechtsextremen Bausteine wie etwa den Glauben an die Überlegenheit der »weißen Rasse«. Doch nur weil etwas nicht nach Rassismus klingt, heißt es nicht, dass es sich nicht um Rassismus handelt. Die Kernforderung der Ethnopluralisten lautet, die Durchmischung der Völker soll gestoppt und rückabgewickelt werden. Die dazu notwendigen Maßnahmen wären jedoch mit unserem Grundgesetz unvereinbar. Wer sollte denn entscheiden, wer mit wem in Zukunft zusammenleben und Kinder bekommen darf, wenn nicht mehr jedes Individuum für sich?

Der Chef der AfD in Thüringen, Björn Höcke, spricht in diesem Zusammenhang in seinem Buch aus dem Jahr 2018 von einer »wohltemperierten Grausamkeit«, um die man nicht herumkommen werde. Das klingt sehr wenig konkret und damit einigermaßen harmlos. Mir fällt an Deutungen dieser »wohltemperierten Grausamkeit« wenig anderes ein, als dass Menschen in Züge oder Flugzeuge gesteckt und gegen ihren Willen in ein anderes Land oder in ein Lager gebracht werden. Nur weil sie nicht deutsch genug sind. Noch mal: Was ist an diesem Denken bürgerlich?

Natürlich würde diese Politik der Separierung der Ethnien, auch bedeuten, dass es für Jüdinnen und Juden genau einen Ort gibt, an dem sie leben können, nämlich in Israel. Das wäre gegenüber der Zeit des Nationalsozialismus immerhin ein Fortschritt. In Deutschland aber wäre wieder einmal kein Platz mehr für jüdisches Leben. Das sage nicht nur ich, sondern auch Stephan Kramer, Verfassungsschutzchef in Höckes neuer Heimat Thüringen und früherer Generalsekretär des *Zentralrats der Juden in Deutschland*. In einem Gespräch mit den *Zeit*-Autoren Özlem Topçu und Yassin Musharbash beschreibt er außerdem, wie Rechtsextreme gezielt versucht haben, vom »Antisemitismus-Radar zu verschwinden«, obwohl der Hass gegen Juden für viele dieser Leute identitätsstiftend sei. Diese Strategie funktioniert so gut, dass die gefährlichsten rechtsextremen Kader in der AfD inzwischen bundesweit die besten Wahlergebnisse einfahren.

Es ist nicht harmlos, auf die Selbstverharmlosung der Rechten hereinzufallen. Rassismus beginnt nicht erst mit Menschenjagden und Mordanschlägen. Und Antisemitismus beginnt nicht erst mit dem Ruf: »Juden ins Gas!« Vor allem aber ist es ganz und gar nicht bürgerlich, sich die Welt in Kollektiven vorzustellen. »Menschen, die blind in Kollektive sich einordnen, machen sich selber schon zu etwas wie Material, löschen sich als selbstbestimmte Wesen aus«, formulierte schon Adorno im Jahr 1966 in seinem Essay *Erziehung nach Auschwitz*. Und weiter: »Erst haben die Menschen, die so geartet sind, sich selber gewissermaßen den Dingen gleichgemacht. Dann machen sie, wenn es ihnen möglich ist, die anderen den Dingen gleich.« Der Bürger als aktiver Citoyen stirbt im Wahn des Kollektivs. Wollen wir das wirklich?

Freiheit der Debatte

Es war eines der Aufregerthemen des Herbstes 2019. Der Gründungsvorsitzende der AfD, Bernd Lucke, kehrte nach dem Verlust seines EU-Abgeordnetenmandats im Oktober 2019 zurück an seine alte Wirkungsstätte, die Universität Hamburg. Sein Anliegen war, die jüngere Vergangenheit hinter sich zu lassen. Er hatte der von ihm geprägten Partei bereits 2015 den Rücken gekehrt und seitdem versucht, mit einer Gruppierung, die sich inzwischen Liberal-Konservative Reformer (LKR) nennt, ein politisches Comeback zu feiern. Da dies nicht von Erfolg gekrönt war, wollte er nahtlos an sein früheres Leben als Hochschulprofessor anknüpfen.

Doch er hatte die Rechnung ohne den AStA der Universität und die linke Szene der Hansestadt gemacht. Seine ersten beiden Vorlesungsversuche in einem überfüllten Hörsaal mussten abgebrochen werden, weil Lucke keine Chance hatte, sich Gehör zu verschaffen. Es wurde geschimpft, gebrüllt und ein wenig geschubst. Die Universitätsleitung stellte sich gemeinsam mit der grünen Wissenschaftssenatorin Katharina Fegebank nur halbherzig vor den ungeliebten Professor. Die linken Aktivisten dürften das als Erfolg verbucht haben.

Doch das ist nur die halbe Geschichte. Denn auch die rechte Szene rieb sich ob der Bilder von diesen Aktionen die Hände. Der Co-Fraktionsvorsitzende der AfD-Fraktion in der Hamburgischen Bürgerschaft, Dirk Nockemann, ließ es sich nicht nehmen, Bernd Lucke zur Seite zu springen. Dabei hatte er genau zu dem Teil der AfD gehört, der Lucke 2015 kaltgestellt hatte. »Wenn linke Gruppierungen Gesinnungsterror ausüben und entscheiden, wer an der Universität lehren darf und wer nicht, wirft das nicht nur ein schlechtes Licht auf den guten Ruf Hamburgs, sondern es vergiftet auch das Meinungsklima und gefährdet die Wissenschaftsfreiheit, die es grundrechtlich zu schützen gilt«, ließ er sich zitieren.

Man kann sich richtig vorstellen, wie sehr sich Nockemann über diese Steilvorlage der linken Szene nur wenige Monate vor der Bürgerschaftswahl im März 2020 gefreut haben dürfte. Und wer weiß, wie diese Wahl für die AfD ohne die »Causa Lucke« ausgegangen wäre? Immerhin schaffte es die rechte Partei nur äußerst knapp über die Fünfprozenthürde.

Wie bitter es sich für Bernd Lucke angefühlt hat, gerade von jemandem wie Nockemann Rückendeckung zu bekommen, ist nicht überliefert. Gefreut hat er sich vermutlich nicht. Besonders absurd an der ganzen Geschichte war allerdings noch etwas ganz anderes. Nämlich, dass ich und viele andere, die überhaupt keine Sympathien für Lucke haben, sich plötzlich in der Situation wiederfanden, sich an seine Seite stellen zu müssen.

Die Aktionen anlässlich seiner Rückkehr in den Hörsaal haben drei Parteien genutzt, zwei Verlierer produziert und einer wichtigen Sache geschadet. Genutzt haben sie linksradikalen Gruppen, die es geschafft haben, die Universität für ihre Sache in Geiselhaft zu nehmen und dafür bundesweite Aufmerksamkeit zu bekommen.

Ebenfalls genutzt hat es Bernd Lucke, weil er in der öffentlichen Wahrnehmung vom Brandstifter zum Opfer mutierte und plötzlich deutlich harmloser wahrgenommen wurde, als er ist. Genutzt hat es auch der AfD, die sich an Luckes Seite stellen und so tun konnte, als ob sie der letzte Hüter der bürgerlichen Ordnung wäre.

Geschadet hat die Sache dem unentschlossen wirkenden Universitätspräsidenten und der wenig souverän handelnden Wissenschaftssenatorin, die dadurch einen heftigen Rückschlag für ihr Anliegen hinnehmen musste, Erste Bürgermeisterin der Hansestadt Hamburg zu werden. Vor allem aber hat die Sache der Diskussion um die Meinungsfreiheit in Deutschland geschadet.

Wenn man wieder einmal liest, es gebe keine Meinungsfreiheit mehr, ist genau das eigentlich schon der Beweis dafür, dass das Gegenteil der Fall ist. Denn dort, wo die Freiheit des Wortes tatsächlich eingeschränkt ist, ist es sehr, sehr still. Doch Fälle wie der von Bernd Lucke spielen AfD und Co. genau die Munition in die Hand, die sie brauchen. Zumal solche Fälle sich inzwischen häufen.

Herfried Münkler, Jörg Baberowski und Johannes Varwick waren Gegenstand radikaler linker Proteste im Stil der Anti-Lucke-Aktion. Diese Proteste hatten das klare Ziel, die Genannten aus den jeweiligen Universitäten zu vertreiben. In Frankfurt dagegen wurde vermutlich aus radikalislamistischen Kreisen versucht, eine Konferenz zum Thema Kopftuchverbot zu stoppen. Die Meinungsfreiheit gefährdet all das zwar nicht. Denn diese ist als Abwehrrecht gegen den Staat in keinem der Fälle berührt. Was aber beeinträchtigt wird, sind die Möglichkeiten der zivilisierten Debattenführung.

Dass gerade die AfD aus diesen Fällen politisches Kapital schlagen kann, ist doppelt ärgerlich. Denn genau diese Partei ist es, die inzwischen bundesweit Portale aufbaut, auf denen Menschen, die an Schulen und Universitäten arbeiten, denunziert werden können. Damit wird auf Lehrerinnen und Lehrer, Dozentinnen und Dozenten Druck ausgeübt und ihr Arbeitsumfeld zu einem politischen Angstraum gemacht. Das Ziel dahinter ist, Aufklärungsarbeit über rechtsextreme Strategien aus dem Bildungsbereich zu verbannen. Wenn also gerade die Partei, die versucht, den Diskursraum an Schulen und Hochschulen am stärksten einzuschränken, sich als Verteidigerin der Meinungs- und Wissenschaftsfreiheit produzieren kann, läuft etwas ganz gehörig schief.

Inzwischen wacht die Politik langsam auf. Bundespräsident Steinmeier formulierte im Rahmen der Hochschulrektorenkonferenz, was eigentlich selbstverständlich sein sollte: »Die Universität soll kein Ort der geistigen Schonung sein, sondern ein Ort der Freiheit aller zum Reden und zum Denken.« Deshalb brauche es »den erwachsenen Streit, die argumentative Kontroverse, den zivilisierten Disput« und eben keine »aggressive Gesprächsverweigerung, Einschüchterung und Angriffe«. Die NZZ-Journalistin Anna Schneider bemerkte spitz, dass diese Worte zumindest »in der Theorie schön klingen«. Aber das alleine kann ja nicht der Anspruch sein. Auf die geübte Praxis kommt es an.

Gestaltung des Diskurses

Aus Dissens wird Hass, aus Gegnern werden Feinde; Ausgrenzung wird zum Zeichen der Stärke, Humanität zum Ausweis weichlichen Gutmenschentums erklärt«, beschrieb der Bonner Philosophie-Professor Martin Booms seine Beobachtungen mit Blick auf die Debatten unserer Zeit schon im Jahr 2017. Er liefert damit eine punktgenaue Beschreibung der Polarisierung des politischen Diskurses. Doch wohin führt das? Und warum?

Die kluge *Zeit*-Korrespondentin in Russland, Alice Bota, beschreibt die (nicht nur) rechten Strategien dahinter ganz wunderbar. Den Strategen, die diese Diskursverengung vorantreiben, geht es darum, zwei völlig gegensätzliche Optionen mit einer klaren Frontlinie dazwischen zu konstruieren. Diese Frontlinie wird dann so verpackt, dass ein Suchender kaum anders kann, als sich letztlich auf die Seite der Polarisierenden zu schlagen. »Den Liberalismus, den sie bekämpfen wollen, zeichnen sie natürlich nicht so, wie ein genuiner Liberalismus es in seinem Kern ist: mit einem starken Rechtsstaat, mit robusten Institutionen und mit Werten, zu denen die Freiheit ebenso gehört wie die Verantwortung«, erklärt Bota mit Blick auf Russland. Stattdessen würde eine groteske Karikatur von einer Gesellschaft entworfen, in der Migranten folgenlos klauen und vergewaltigen könnten, Kinder mit Vorstellungen sexueller Vielfalt indoktriniert würden, die Familie und traditionelle Werte bedroht seien.

Dieses von Carl Schmitt bereits vor Jahrzehnten beschriebene Freund-Feind-Schema wird in Russland über die Medien bedient und verfängt dort durchaus. Davon konnte ich mich bei einer Diskussionsrunde im Rahmen der Buchmesse in Krasnojarsk selbst überzeugen.

Während einige der Zuhörer froh waren, ungefilterte Eindrücke aus Zentraleuropa zu bekommen, gab es daneben, nun ja, ich nenne es mal »mitfühlende« Wortmeldungen. So wurde ich von einer Frau mittleren Alters ganz ernsthaft gefragt, wie es sich anfühle, ein paar Tage in Sicherheit zu verbringen. Ihre Art ließ nicht auf Vorsatz oder böse Absicht schließen. Auf meine Nachfrage erklärte sie, dass es ja in Deutschland nicht mehr möglich sei, wegen marodierender Ausländerbanden nach Einbruch der Dunkelheit auf die Straße zu gehen. Meine Antwort, das kann man sich vorstellen, hat das Weltbild der Dame ins Wanken gebracht.

Russland als Hort der wahren Freiheit, in der man ungestört über Homosexuelle, Ausländer oder emanzipierte Frauen rassistische Witze machen, echte Glühbirnen nutzen und Mentholzigaretten rauchen kann – das ist nicht nur Putins Credo, sondern auch das seiner Verbündeten in Europa und den USA.

»Die Menschen lieben den Mann, der ihnen einen Feind gibt, den sie hassen dürfen, denn jetzt reduzieren sich alle Probleme auf diese Feindschaft«, sagt dazu der Schriftsteller Peter von Matt im Sammelband *95 Anschläge – Thesen für die Zukunft* unter der Überschrift *Die Diktatoren kommen wieder.* Und weiter: »Der Prozess lässt sich steuern.«

Alexander Gauland, Ex-Parteivorsitzender und derzeit noch Co-Fraktionsvorsitzender der AfD, weiß genau, wie das geht. »Wir werden es künftig mit zwei kulturellen Milieus zu tun haben«, formulierte er bereits vor fast 20 Jahren. Mit »einem liberal individualistischen, das sich für Zuwanderung, die Anerkennung von homosexuellen Lebensgemeinschaften und jede Art von Selbstverwirklichung starkmacht, und einem wertkonservativen, das auf einer verbindlichen Identität aus moralischen Prinzipien und abendländischen Traditionen besteht und wirtschaftlichen Notwendigkeiten wie wissenschaftlichen Erfolgen eher skeptisch gegenübersteht, also nicht mehr das bürgerliche Lager gegen die Sozialdemokratie, sondern Konservative versus Liberale in allen Parteien.«

Auch wenn sich diese Zeilen aus Gaulands 2002 erschienenem Buch *Anleitung zum Konservativsein* zunächst wie eine neutrale Analyse lesen, konnte man erahnen, auf welcher Seite der Autor stehen würde. Heute erleben wir, wie er mit seiner Partei die Schaffung der von ihm beschriebenen Front vorantreibt. Auf der einen Seite steht der verkommene Liberalismus und auf der anderen der strahlende »Konservativismus« wie beispielsweise der des russischen Präsidenten Putin. Dass Konservativismus an dieser Stelle in Anführungszeichen steht, ist übrigens kein Zufall, handelt es sich doch nur um ein Zerrbild.

Die beschriebenen Prinzipien werden natürlich nicht nur von rechts orientierten Bewegungen und Protagonisten angewendet. Das beste Beispiel dafür ist die radikale Klimabewegung Extinction Rebellion (XR). Deren Gründer Roger Hallam etwa sagte *Spiegel Online* in einem Interview, dass »Demokratie irrelevant« werde, wenn eine Gesellschaft unmoralisch handele. Da hilft es dann auch nicht mehr, wenn die deutsche Sektion von XR bei ihren Aktionen gegenüber der Polizei besonders freundlich agiert.

Diese Aussage ist nicht nur ein Anschlag auf den Kerngedanken der Demokratie, dass man nämlich für seine Überzeugungen Mehrheiten organisieren muss, um sie umsetzen zu können. In der Demokratie gilt der Wettbewerb der Argumente, nicht der Kampf auf der Straße. Nein, es geht auch hier darum, eine klare Frontstellung zu konstruieren, in der es nur noch »wir« (die XR-Aktivisten und ihre Anhänger) und »die« (alle Menschen mit anderer Auffassung) gibt. Jeder muss sich entscheiden, auf welcher Seite er steht. Damit die moralisch vermeintlich richtig Handelnden im nächsten Schritt den Notstand ausrufen können.

In genau diese Kerbe schlägt auch das Buch der heldenhaften Kapitänin Carola Rackete mit dem Titel *Handeln statt Hoffen*, wie die *NZZ*-Autorin Anna Schneider beschreibt:

»Dem moralisch Guten kann und darf man nicht widersprechen. Es gibt nur noch gut oder böse, Klimaschutz oder Kapi-
talismus, gerecht oder ungerecht.« Auf dieser Grundlage sei
dann überhaupt keine Diskussion mehr möglich. Daraus lernen wir, dass jemand, der einmal klug und mutig gehandelt
hat wie die junge Kapitänin, in anderen Feldern durchaus gefährlichen Ideologien anhängen kann.

Nun ist das Thema Notstand durch die Corona-Epidemie
plötzlich wieder äußerst aktuell geworden. Ein Notstand kann
in akuten Gefährdungslagen durchaus seine Berechtigung haben. Was ist also das Problem? Nicht der Notstand an sich ist
es, sondern der Absender und dessen Legitimationsbasis.

Es macht einen riesigen Unterschied, ob Aktivisten oder demokratisch gewählte Regierungen einen Notstand ausrufen,
und zwar selbst dann, wenn die öffentliche Stimmung den
Aktivisten das Gefühl gibt, für die Mehrheit zu sprechen. Ein
Recht, das man für sich selbst in Anspruch nimmt, muss man
auch allen anderen zugestehen. Doch wer von den radikalen
Klimaschützern wollte es Islamisten oder Rechtsextremen erlauben, ohne demokratische Legitimation den Notstand zu
erklären? Es ist ein historischer Irrtum zu glauben, es könne
gute Gründe geben, sich über die Kernwerte unserer Demokratie hinwegzusetzen und Ausnahmeregeln für den Einzelfall zu schaffen. Und möge das Ziel noch so heroisch sein.

Darüber hinaus versuchen Hallam und Extinction Rebellion, ein Meinungsmonopol für ein gesamtes Themenfeld zu erlangen. Der Versuch an sich ist zwar nicht demokratiegefähr-
dend. Wäre er allerdings erfolgreich, gäbe es in der Klimafrage
zum gefühlten »Weiter so« der Regierungen nur noch den Ansatz von Extinction Rebellion als Gegenpol. Alle anderen Ideen
und Meinungen, die sich in der Argumentation dazwischen
bewegen, würden aus der öffentlichen Debatte getilgt.

Genau dieses Spiel kennen wir aus der Migrationsdebatte
nach 2015. Damals hat es die AfD geschafft, dass es in der öf-

fentlichen Wahrnehmung nur noch um die Entscheidung »für Merkel« oder »für die AfD« ging. Pluralismus, wenn man ihn auch als Wettbewerb um die besten Lösungen versteht, sieht anders aus.

Eine Gesellschaft, die in Opfer und Täter, Freunde und Feinde zerfällt, ist eine Gesellschaft ganz nach dem Geschmack autoritärer Denker. Diese Spaltung ist die Voraussetzung für deren eigentliches Ziel – die Abschaffung der liberalen und demokratischen Gesellschaftsordnung. Wenn man sich dieser Entwicklung nicht entgegenstellt, ist es nur eine Frage der Zeit, bis ein Klima herrscht, in dem es nur noch Opfer im Heldenwartestand oder Verräter geben wird.

Wenn wir nicht an diesen Punkt kommen wollen, müssen wir bei uns selbst und der eigenen Impulskontrolle anfangen. Nur wenn wir es schaffen, auch anderen Meinungen als unseren eigenen Raum zu geben, kann wieder so etwas wie eine demokratische Debatten- oder gar Streitkultur entstehen.

Diese »›Streitkultur‹ ist, wie der Name schon sagt, nichts, was dem Menschen von Natur aus gegeben wäre, sondern eine anspruchsvolle Kulturleistung«, wie die kluge Schriftstellerin Thea Dorn in einem Essay für die *Zeit* geschrieben hat. »Anstatt Streit zu unterdrücken, sollten wir uns lieber darüber verständigen, welchen Regeln er zu folgen hat, damit er produktiv ist«, ist sie überzeugt. Wenn uns unsere offene Gesellschaft lieb sei, werde uns nichts anderes übrig bleiben. Das ist noch zurückhaltend formuliert, wie ich finde.

Meine Überzeugung ist: Versagen wir an dieser Stelle als Gesellschaft, ist jegliche Basis für den gesellschaftlichen Austausch vernichtet und der Boden für den Hass bereitet, der töten kann.

Politik an Schulen

Wer würde der Aussage zustimmen, dass Schule ein politisch neutraler Ort sein muss? Vermutlich tendieren viele von uns in diese Richtung. Doch wenn man ein wenig darüber nachdenkt, fällt einem die Antwort plötzlich nicht mehr ganz so leicht. Das hat sicherlich damit zu tun, dass Neutralität im Schulkontext für unterschiedliche Menschen unterschiedliche Dinge bedeuten kann.

Für die einen heißt es, dass in der Schule über politische Meinungsfragen überhaupt nicht diskutiert werden darf. Für den anderen, dass Lehrerinnen und Lehrer sich nicht politisch äußern sollen. Wieder andere verstehen unter einer neutralen Schule einen Ort, an dem alle politischen Meinungen gleiches Gewicht in der Debatte bekommen. Aber dann gäbe es immer noch diejenigen, die nationalistischen und sozialistischen Ideen Raum einräumen würden, und diejenigen, die genau das mit großer Inbrunst verneinen würden.

Neutralität zu definieren ist also schwierig. Allerdings bin ich davon überzeugt, dass das auch gar nicht das Ziel sein sollte. Denn Neutralität ist schon ein falsch formulierter Anspruch. Das gilt nicht nur für Schule oder Bildungseinrichtungen, sondern für den gesamten öffentlichen Raum, in dem Menschen aufeinandertreffen. Politik ist keine komplizierte mathematische Formel, die sich mit den richtigen Instrumenten eindeutig lösen lässt. Dafür ist die Realität viel zu komplex und das Wissen der Menschheit trotz der Unterstützung durch Supercomputer und künstliche Intelligenz zu beschränkt. Jeder noch so kluge Debattenbeitrag enthält zwangsläufig einen gewissen Prozentsatz persönlicher Färbung. Mag er noch so sehr wie das wirken, was wir als Fakten kennen und schätzen.

Erinnern wir uns zurück. Die klügsten Köpfe des Mittelalters waren überzeugt, dass die Erde eine Scheibe wäre. Diejenigen, die das infrage stellten, lebten lange Zeit äußerst gefährlich, weil sie vom Establishment ihrer Zeit mit allen Mitteln bekämpft wurden. Die Überzeugung von der eigenen Unfehlbarkeit birgt die Tendenz zum Fanatismus bereits in sich. Und der ist nicht selten tödlich. »Am Anfang der Mündigkeit steht der Zweifel«, schreibt Ulf Poschardt in seinem aktuellen Buch. »Das illiberal, antidemokratisch Autoritäre der Zweifelsfreien drängelt ihre Weltanschauung in eine simplifizierende Popularisierung um jeden Preis.«

Demokratie ist nicht das Versprechen, dass das klügste Argument sich durchsetzt, sondern einzig das Versprechen, dass verschiedene Argumente gehört werden. Die Mehrheit kann trotzdem entscheiden und sich hinter der vermeintlich schlechteren Idee versammeln, wenn sie das Gefühl hat, das sei vorteilhafter. Das mag eine Schwäche des demokratischen Systems sein, die aber durch den Schutz der in der Verfassung garantierten Grundrechte reguliert wird.

Der Traum von einer – vermeintlich neutralen – Regierung der Technokraten ist so etwas wie ein Untoter der politischen Debatte, der meist in Krisen beschworen wird. Es ist die Hoffnung auf eine größere Effizienz politischen Handelns, die das Modell für manche attraktiv erscheinen lässt. Und ja, vielleicht, aber nur vielleicht, würde der eine oder andere Bahnhof oder Flughafen in Deutschland unter solch einem Regime schneller fertig. Doch was wäre der Preis dieser reinen Effizienzorientierung?

Die Antwort ist einfach. Die Demokratie. Man muss sich entscheiden. Entweder hängt man dem Traum von der Demokratie oder dem Traum von der (vermeintlichen) Neutralität an. Wer das eine hat, muss auf das andere verzichten. Nur wer von uns wollte ernsthaft die wichtigen Entscheidungen des Landes aus der Hand geben in der Hoffnung, dass es wenige auserwählte Experten tatsächlich im Sinne seiner Bewohner richten? Kaum jemand. Die Theorie hat in der Praxis meistens das Problem, dass die Praxis selten so einfach ist, wie die Theorie suggeriert.

Zurück also in die Schule. Schule kann kein neutraler Raum sein, egal wie man neutral definiert. Dort treffen Menschen aufeinander, deren Interagieren, deren gelebte Regeln des Miteinanders und des Diskurses bereits politisch sind. Neutralität als Ziel ist nicht nur nicht erstrebenswert, sondern unrealistisch.

Doch nicht nur deshalb ist das Ziel Neutralität falsch. Ich erinnere mich an ein Mädchen in einer Abiturklasse irgendwo in Ostdeutschland. Es erklärte mir ernsthaft, ohne Widerspruch aus dem Klassenverband zu ernten, dass sie »für den Kommunismus« sei. Sie hätten die politischen Systeme im Unterricht durchgenommen, und dieses System erscheine ihr fairer und effizienter als die Demokratie – und es sei ja noch nicht ausprobiert worden.

Solche Äußerungen sind leider alles andere als selten. Die Anzahl der Zeitzeugen der beiden deutschen Diktaturen des 20. Jahrhunderts, die jungen Menschen den Wert der Demokratie vermitteln, hat deutlich abgenommen. Viele sind tot, die anderen inzwischen sehr alt. In Abwesenheit derjenigen, die aus ihrem eigenen Leben in menschenfeindlichen Regimen erzählen können, muss ein anderer, ein emotionaler Ansatz her. Denn die nächsten Generationen werden sich weder durch neutrale Zahlen, Daten und Fakten noch durch gedruckte Erinnerungen an die Gräuel von Faschismus und Sozialismus erinnern und daraus Begeisterung für die Demokratie entwickeln können.

Man darf zwar davon ausgehen, dass einige derjenigen, die sich eine neutrale Schule wünschen, ihren Wunsch tatsächlich nicht bis zum Ende durchdacht haben. Bei anderen allerdings steckt dahinter eine weitergehende Agenda. Ich habe mir die Mühe gemacht, die Frage danach, wie Schule mit politischen Fragen umgehen soll, in verschiedenen Gruppen bei *Facebook* und *Twitter* zu stellen. Dort bin ich teilweise unter Klarnamen, teilweise mit einem erfundenen Profil Mitglied.

Während die eher liberal und demokratisch geneigten Gruppen alle mit mindestens Zweidrittelmehrheit gegen die vermeintlich neutrale und für eine diskursfördernde Schule votierten, verhielt es sich in rechten und rechtsradikalen Foren mehr als spiegelverkehrt. Dort votierten bei mehreren Hundert Teilnehmern rund drei Viertel für neutrale Schulen und nur eine deutliche Minderheit sah Platz für politischen Diskurs in öffentlichen Schulen.

Nun sind diese Umfragen natürlich nicht repräsentativ, aber sie bestätigen, was seit Jahren zu beobachten ist. Je weiter man nach rechts schaut, desto größer ist der Teil derer, die sich neutrale Schulen wünschen. Besonders aus der Sicht von in der Wolle gefärbten Rechtsradikalen ist das durchaus verständlich. Denn sie hängen, erstens, einer Überzeugung an, die menschenfeindlich, antiliberal und antidemokratisch ist und die an Schulen aus guten Gründen vor allem entlang von mörderischen Beispielen aus der Vergangenheit thematisiert wird. Natürlich ist das nicht neutral. Aber das ist auch gut und richtig so. Außerdem haben diese Menschen, zweitens, überhaupt kein Problem damit, wenn die Einübung des demokratischen Diskurses mit Für und Wider und dem Zwang zum Kompromiss aus den Bildungseinrichtungen verschwindet.

Natürlich ist der Traum der rechten Vordenker keine neutrale Schule, sondern vielmehr eine Bildungsanstalt, die junge Menschen mit ihren Überzeugungen indoktriniert. Doch für den Anfang, so kann man in einschlägigen Postillen der Neuen Rechten nachlesen, wäre die Schule als neutraler Raum allemal besser als ein Raum für Diskurseinübung und Demokratieerziehung wie derzeit.

Erinnern Sie sich an Wolfgang Gedeon? Den antisemitischen Landtagsabgeordneten der AfD aus Baden-Württemberg? Der war bis März 2020 AfD-Parteimitglied, verfügt in der Partei aber bis heute über Sympathien und kandidierte im November 2019 für den Bundesvorsitz der AfD. Die Mehrheit der Landtagsfraktion stimmte noch im September 2019 dafür, ihn wieder aufzunehmen. Der Vollzug scheiterte einzig an der vorgeschriebenen Zweidrittelmehrheit. In einer Debatte über Rechtsextremismus anlässlich des Mordes am Kasseler Regierungspräsidenten Walter Lübcke nannte dieser Wolfgang Gedeon den rechtsextremistischen Terror im Vergleich zu linksextremem und islamistischem Terror einen »Vogelschiss«.

Genau diese Mischung aus Judenhass und Relativierung tödlicher rechter Gewalt, für die Gedeon steht, war einer der wesentlichen Bausteine, der den Weg in den Holocaust, das größte Menschheitsverbrechen, erst ermöglichte. Warum ich das an dieser Stelle erwähne? Weil ich damit deutlich machen will, dass es natürlich legitim und wichtig ist, dass über derlei Umtriebe in der AfD in Schulen gesprochen und aufgeklärt wird.

Das gilt ebenso für Äußerungen des AfD-Fraktionsvorsitzenden Alexander Gauland, der mit Blick auf die 1967 in Hamburg geborene SPD-Bundestagsabgeordnete Aydan Özoğuz sagte, man werde sie eines Tages »Gott sei Dank in Anatolien entsorgen können«. Oder für die Ansichten des thüringischen AfD-Chefs Björn Höcke zur Erinnerungspolitik und die rechtsextreme Biografie seines brandenburgischen Kollegen Andreas Kalbitz sowie die Nähe der inzwischen aus dem Amt gedrängten schleswig-holsteinischen Landesvorsitzenden Doris von Sayn-Wittgenstein zu rechtsextremen, der Reichsbürgerszene zugeordneten Vereinen. Und es gilt natürlich für die Parteispendenaffäre, wegen der auch Co-Parteichef Meuthen und die Co-Fraktionsvorsitzende im Bundestag, Alice Weidel, massiv unter Druck stehen.

Denken wir ein paar Jahre zurück. Wäre es vorstellbar gewesen, dass man in der Schule nicht über die CDU-Spendenaffäre rund um Altkanzler Kohl diskutiert hätte? Oder über den Fall des FDP-Politikers Möllemann? Die Attentate auf Wolfgang Schäuble und Oscar Lafontaine oder die Farbbeutelattacke gegen Joschka Fischer waren ebenso Gegenstand von Diskussionen im Schulunterricht wie das NPD-Verbotsverfahren oder die Agenda 2010 der SPD-geführten Bundesregierung mitsamt Misstrauensantrag. Natürlich gehören solche Dinge in die Schule. Alleine schon, um den Schülerinnen und Schülern die Möglichkeit zu geben, andere Meinungen als die der eigenen Eltern kennenzulernen.

Die zahlreichen Initiativen von AfD-Abgeordneten in verschiedenen Bundesländern muss man vor diesem Hintergrund sehen. Egal ob es nun um die vielen Meldeportale geht, um den Versuch, auf parlamentarischen Wegen den Lehrerinnen und Lehrern das Leben schwer zu machen, oder um die Forderung von Björn Höcke nach einer »erinnerungspolitischen Wende um 180 Grad«. Das Ziel dahinter ist immer das gleiche: Was man gesetzlich nicht herbeiführen kann, soll durch öffentlichen Druck und Angst in der Lehrerschaft und die daraus resultierende Selbstzensur geschaffen werden.

Wie geht man damit am besten um? Lässt man die politische Diskussion tatsächlich lieber aus dem Unterricht heraus, um keinen Ärger zu bekommen? Joachim Krämer, ein junger Lehrer aus Bonn, der Deutsch und Sozialwissenschaften lehrt, hat zu diesen Meldeportalen eine klare Meinung. »Ich sage meinen Schülern, dass sie mich da gerne melden dürfen. Das Letzte, was ich habe, ist Angst vor diesen Nazis«, beschreibt er seine Position. Damit gibt er das beste Beispiel für den Umgang mit dem Versuch aus dem rechtsradikalen Spektrum, Lehrerinnen und Lehrer mundtot zu machen. Doch nicht alle Kolleginnen und Kollegen gehen mit der neuen Herausforderung so selbstbewusst um, das weiß auch Krämer.

Aus seiner Sicht gibt es dafür drei wesentliche Gründe. Erstens seien zu viele Lehrer im Politikbereich fachfremd, deshalb fehle in Teilen das nötige Wissen. Zweitens herrsche selbst bei denen, die die fachliche Ausbildung haben, eine gewisse Unsicherheit, wie genau der Beutelsbacher Konsens zu verstehen sei, in dem seit 1976 die Grundlagen für die politische Bildung geregelt sind. »Und drittens fehlen häufig klare Ansagen vonseiten des Dienstherrn, die es auch jungen, nicht verbeamteten Kolleginnen und Kollegen erlaubt, ihrer Arbeit nachgehen zu können, ohne die ganze Zeit Angst vor weitreichenden Konsequenzen haben zu müssen«, fasst Krämer zusammen. Seine Einschätzung deckt sich weitgehend mit dem, was ich während meiner Recherchen an verschiedenen Schulen in verschiedenen Bundesländern gehört habe.

Um kein Missverständnis aufkommen zu lassen: Durch die Erfolge der AfD hat sich der Druck von rechts massiv erhöht. Diesem Thema Herr zu werden ist derzeit sicherlich die größte Aufgabe für Bildungspolitiker, Dienstherren, Lehrer, Eltern und Schüler, wenn es um das Thema Politik und Schule geht. Doch man sollte deshalb keinen Tunnelblick entwickeln und andere unschöne Vorkommnisse und Entwicklungen ignorieren, die zwar aus einer anderen Richtung kommen, im Kern aber dasselbe Problem beschreiben.

Eine neutrale Schule ist eine tote Schule, die keine selbstbewussten Staatsbürgerinnen und -bürger ausbildet, sondern im schlimmsten Fall schweigende Verfügungsmasse. Das können wir für unsere Gesellschaft nicht wollen. Das können wir auch für die betroffenen Kinder und Jugendlichen nicht wollen, die nur durch Diskurseinübung in der Lage sein werden, gute von schlechten Argumenten zu unterscheiden und selbst im Wettbewerb der Meinungen zu bestehen.

Gute Erziehungs- und Bildungsarbeit braucht gerade in schwierigen Zeiten »kleinere Formate des Heroischen«, wie es der *Welt*-Gruppen-Chef Ulf Poschardt in seinem aktuellen Buch nennt. Was er damit konkret meint? »Wunderbare Eltern, die ihre Kinder von klein auf politisieren und aufklären.

Die engagierte Geschichtslehrerin, der kluge Pastor im Konfirmandenunterricht, die politische Fernsehreportage, der berühmte Politologe mit seiner Vorlesung über die Weimarer Republik«, denn: »Die Mündigmachung lebt von der Infizierung nach Mündigkeit Strebender durch Mündige.«

Die liberale Demokratie als nach vorne gerichtete Gesellschaftsform, die nie fertig und immer Angriffen ausgesetzt ist, braucht diese jungen Menschen ebenso, wie diese jungen Menschen die liberale Demokratie brauchen, um ihre Träume in die Realität umsetzen zu können. »Eine Demokratie, die aufhört, die Mündigmachung ihrer Bürger anzustreben, könnte irgendwann aufhören, Demokratie zu sein«, schreibt Poschardt. Schulen, an denen dieser Gedanke nicht vermittelt wird, haben ihren Namen nicht verdient.

Hoheit im Internet

Es gab ihn, diesen kurzen Moment, in dem ich die Hoffnung verloren hatte, dass sich unter den Hipstern und Digital Natives, den Hackern und Werbern irgendwo ein Impuls findet, sich politisch zu engagieren. Die Piratenpartei war tot. Die Strukturen der etablierten Parteien passten nicht zum Lebensmodell von digitalen Nomaden, Selbstständigen, unabhängigen Geistern. Die politischen Stiftungen konnten tun und lassen, was sie wollten – die Generation unter 35 bekamen sie nicht mobilisiert.

Keine Frage, in den letzten Jahren fanden Onlinepetitionen schnell riesige Unterstützergruppen. Aber was folgte daraus? In der Regel nichts. Ein Klick auf *Facebook*, ein empörter Tweet auf *Twitter*, das ist schnell gemacht. Aber es steht keine Verpflichtung dahinter.

Dasselbe galt für andere Formen politischen Engagements, wenn man es überhaupt so nennen will. Ab und an zu einer Anti-TTIP-Demo, einer Demo gegen Rechts. Konnte man machen, wenn gutes Wetter war und kein wichtiges Fußballspiel lief. Das Praktische daran war, man musste sich darauf nicht vorbereiten und lief auch nicht Gefahr, mit anderen Meinungen konfrontiert und in eine Diskussion hineingezogen zu werden. Bauchgefühl reichte. Danach schnell shoppen und ein Eis essen gehen, weil man sowieso schon in der Stadt war.

Ja, ich gebe zu, es gab diesen Moment, in dem ich mich als politisch und gesellschaftlich Engagierter gefragt habe, warum ich es nicht genauso halten sollte. Nach mir die Sintflut eben.

Ich habe die Entscheidung für den Brexit und die Wahl von Donald Trump nicht vorausgesehen, aber schockiert haben sie mich nicht. Für mich passten die Entwicklungen in das Bild, das ich schon vorher hatte. Rechte Bewegungen rollen die Demokratie ohne große Gegenwehr auf, weil ein großer Teil der Zivilgesellschaft zu satt ist, um sich nach dem Gepoltere umzudrehen und die Gefahr zu erkennen. Das geht alles vorüber, hieß es immer. Die Demokratie sei viel zu stark, als dass so ein paar Spinner sie ernsthaft gefährden könnten. Ich war mir da nicht so sicher.

Lange engagierten sich nur die, die sich immer engagierten. Den neuen Formen der Propaganda hatten sie allerdings nur entgegenzusetzen, was sie von früher kannten. Demos zum Beispiel. Buttons an den Hemdkragen. Wolf Biermann ging auf Tournee mit dem Titel *Demokratie feiern – Demokratisch wählen* und erzählte aus der DDR. Verdienstvoll, keine Frage. Nur leider komplett wirkungslos mit Blick auf diejenigen, die plötzlich bei der AfD eine neue politische Heimat vermuteten.

Engagement gegen rechten Menschenhass ist nichts Neues, auch wenn es eine Zeit lang aus dem Fokus der Öffentlichkeit geraten war. Das Problem bestand auch in der Zeit nach den Ausschreitungen und Brandanschlägen Anfang der 1990er-

Jahre und vor dem Aufkommen von AfD und Pegida kontinuierlich weiter. Im niedersächsischen Bad Nenndorf beispielsweise engagierten sich viele gegen die lokale Neonazi-Szene, insbesondere gegen den jährlichen Aufmarsch von Hunderten Rechtsextremisten. Sie nahmen und nehmen in Kauf, dass ihre Geschäftsräume immer wieder beschädigt und sie wie auch ihre Familienmitglieder bedroht werden.

Heute reicht dieses Engagement jedoch nicht mehr aus. Nur war lange Zeit niemand zu sehen, der die Lücke hätte füllen können.

Dann, plötzlich, wie aus dem Nichts, waren sie da. All die neuen Aktivisten, deren Spielfeld eher das Internet als die Straße ist. Auch sie haben Einschüchterungsversuche bis hin zu Morddrohungen inzwischen als Teil des »Spiels« kennenlernen müssen. Gerald Hensel etwa, der Initiator der Kampagne #KeinGeldfuerRechts, ist ein gutes Beispiel dafür. Wenn man ihn das erste Mal im Hamburger Schanzenviertel trifft, wirkt Hensel nicht wie ein typischer Politikaktivist. Er fällt in dieser Mischung aus Studenten und Kreativen überhaupt nicht auf, die im Schatten der Roten Flora verrückte Eissorten zu abgehobenen Preisen probieren, hippe Brausen trinken, Markenklamotten einkaufen und flirten. Wenn man es sich recht überlegt, wirkt genau das fast sinnbildlich dafür, wie sich Aktivismus verändert hat – und verändern musste. Die neuen Aktiven gegen eine Unterwanderung der bürgerlichen Mitte mit antidemokratischen, menschenfeindlichen Parolen sehen eher aus wie Gerald Hensel als wie Atomkraftgegner oder Straßenpunks.

Hensel war lange Jahre als Stratege bei *Scholz & Friends* angestellt, einer der größten und namhaftesten Werbeagenturen in Deutschland. Bereits in dieser Zeit bemerkte er, dass vielen Unternehmen nicht bewusst war, wie Onlinewerbung eigentlich funktioniert. Das allein wäre allerdings kein Grund gewesen, politisch tätig zu werden. Problematisch war in Hensels Wahrnehmung vor allem, dass die Unfähigkeit, die Technologie richtig zu verstehen, dafür sorgte, dass die Werbebanner vieler Firmen auf radikalen Seiten auftauchten. Damit finanzierten diese Unternehmen antidemokratische, antiliberale Propaganda mit, meist ohne es zu wissen.

Was also tun? Ein Blick nach Amerika half. Dort weist die Sleeping-Giants-Initiative über Social-Media-Plattformen Unternehmen darauf hin, wenn ihre Anzeigen etwa bei *Breitbart* auftauchen, dem Netzwerk von Donald Trumps rechtsextremem Ex-Berater Stephen Bannon.

Ganz in diesem Sinne erfand Hensel Ende 2016 den Hashtag #KeinGeldfuerRechts. Damit wollte er auch in Deutschland Unternehmen über die Möglichkeit aufklären, dass man Seiten »blacklisten«, sie also auf eine Schwarze Liste setzen kann, wenn man dort nicht werben will. Was viele dankbare Unternehmen direkt umsetzten.

Hensel hat mit dieser Initiative in ein Wespennest gestochen. Denn das Verbreiten von Hass und Falschbehauptungen, neudeutsch Hate Speech und Fake News, ist längst ein einträgliches Geschäftsmodell geworden. Die Reaktionen derjenigen, die sich politisch und vor allem wirtschaftlich angegriffen sahen, kam prompt. Und sie kam mit einer Macht, die Hensel nicht erwartet hatte. Die Angriffe richteten sich nämlich nicht nur gegen ihn, sondern auch gegen seinen Arbeitgeber. Das Ziel war ganz klar, Hensels Existenzgrundlage zu zerstören.

Was tut man in solch einer Situation? Viele von uns dürften zunächst den Impuls verspüren, sich aus der Schusslinie zu bringen. Doch anstatt in Deckung zu gehen, wählte Hensel den Gegenangriff. Er zeigte zahlreiche Nutzer an, die ihn beleidigt oder bedroht hatten, und begann sich tiefer in das Thema einzulesen. Dann vernetzte er sich mit anderen Aktivistinnen und Aktivisten und spannte weitere Werbemenschen und Tech-Experten aus seinem Umfeld für seine Sache ein. Dazu gründete er den Verein Fearless Democracy, dessen erste Initiative unter dem Namen HateAid Menschen mit Rat und Tat zur Seite steht, die in eine ähnliche Situation wie er gekommen sind. Die Finanzierung steht inzwischen, der operative Betrieb läuft. Selbst prominente Persönlichkeiten wie Renate Künast nutzen inzwischen den Rat und die juristische Unterstützung von HateAid im Kampf gegen den Hass.

Hannes Ley, ein weiterer Aktivist, für den die Wahl von Donald Trump der Anstoß zum Engagement war, hat einen etwas anderen Ansatz gewählt. Er organisiert lieber die Gegenrede im Netz. Nicht durch Bots oder bezahlte Mitarbeiter, sondern durch ganz normale Menschen, die sich für ein demokratisches Miteinander engagieren wollen. Leys Ziel war nicht, die Antidemokraten zu schwächen, sondern vielmehr die Demokraten zu stärken. Dafür hat er #ichbinhier gegründet.

Dabei handelt es sich vordergründig nur um eine *Facebook*-Gruppe mit rund 45 000 Mitgliedern. Was sie allerdings von den Millionen anderen *Facebook*-Gruppen unterscheidet, ist nicht ihre relative Größe. Es ist die Kombination aus positivem Anliegen, Aktivitätsgrad der Mitglieder und Umgangston in der Gruppe. Wo es sonst kaum eine Gruppe über zehn Mitgliedern schafft, sich nicht furchtbar zu zerstreiten, haben Ley, seine Mitstreiterinnen und Mitstreiter klare Regeln kommuniziert. Diese geben den vielen Menschen unterschiedlicher Herkunft und mit unterschiedlichsten politischen Ansichten die Möglichkeit, sich gemeinsam gegen Hass zu engagieren.

Das Ziel von #ichbinhier ist klar definiert. Überall, wo im Netz politische Diskussionen stattfinden, sollen den zahlreichen Hasskommentaren klare Argumente im Namen der freiheitlich-demokratischen Grundordnung entgegengehalten werden. Dass man diejenigen, die Tag und Nacht ihr Gift versprühen, in der Regel nicht bekehren kann, ist den Aktivistinnen und Aktivisten von #ichbinhier klar. Ihnen geht es vielmehr darum, worum es auch den Demonstranten gegen Nazi-aufmärsche geht: der Hetze zu widersprechen, damit sie nicht zu einem normalen Teil des Diskurses wird. Nur geht es in diesem Fall nicht um Passanten, sondern um stille Mitleser im Netz.

Gerald Hensel und Hannes Ley sind gleichermaßen gute Beispiele für das, was sich bereits positiv entwickelt hat, als auch für das, was noch zu tun ist. Sie stehen beide für eine neue Art von Online-Aktivismus, die den klassischen Aktivismus nicht ersetzen, wohl aber ergänzen muss, um den Radikalen keine einfachen Landgewinne zu ermöglichen.

Genauso stehen sie für die persönlichen Herausforderungen, die mit jeder Form von ernst gemeintem Aktivismus verbunden sind. Hensel kam beruflich unter Druck und musste sich vollständig neu sortieren. Hannes Ley brachte das Engagement für #ichbinhier zwar einen *Grimme Online Award*, viele neue Freunde und äußerst spannende Einladungen ein. Gleichzeitig kostete es ihn jedoch Geld und berufliche Möglichkeiten.

Sich an herausgehobener Stelle für Demokratie und Rechtsstaat zu engagieren bedeutet auch, auf Dinge zu verzichten. Auf Zeit, die man mit Freunden und Familie oder vor dem Fernseher verbringen kann. Auf Geld, das man in dieser Zeit verdienen könnte. Manchmal auch auf Aufträge, die man sonst von Menschen bekäme, die politisch andere Ansichten haben. Und leider auch auf gewisse Freiheiten, weil man mit Drohungen leben muss, wenn man sich öffentlich klar positioniert.

Es wäre gelogen, würde man behaupten, solch ein Engagement ginge spurlos an einem vorbei. Umso mehr braucht es aber Menschen, die sich trotzdem genau dafür entscheiden. Der Glaube, dass man Demokratie und liberalen Rechtsstaat ohne Aufwand, ohne persönlichen Einsatz verteidigen kann, ist naiv. Das gilt ebenso für die Hoffnung, der Staat mit seinen

Institutionen werde es schon für uns richten. Denn diejenigen, die ihn abschaffen wollen, sind bereit, alles einzusetzen – Geld, Zeit, Ansehen. Und sie wissen genau, was sie tun.

Nutzung von Symbolen

Wer hat's erfunden? Die Schweizer!« Wer erinnert sich nicht an diese Fernsehwerbung, die uns ab 1998 15 Jahre lang die Bonbons der Marke *Ricola* näherbringen sollte? Die Innovationsfreude der Eidgenossen beschränkt sich jedoch nicht auf Süßigkeiten, auch im politischen Bereich ist in den letzten Jahren eine ganze Menge passiert. Genauer gesagt, seit 2014 die Operation Libero gegründet wurde und seither von Erfolg zu Erfolg eilt.

In der Schweiz hat sich die zwischen Rechtspopulismus und Rechtsextremismus changierende Schweizer Volkspartei (SVP) unter ihrem langjährigen Vorsitzenden Christoph Blocher längst zu einer einflussreichen Größe entwickelt, die bei den Parlamentswahlen regelmäßig rund 30 Prozent holt. Das alleine wäre noch zu verkraften, weil die demokratischen Kräfte weiterhin die Mehrheit stellen. Doch seit einigen Jahren nutzt die SVP verstärkt das Instrument des Volksentscheids, das für das Schweizer System wesentlich ist. Damit will sie über clever gesetzte und entsprechend zugespitzte Themen Bürger auf ihre Seite ziehen, die ihnen bei Wahlen keine Stimme geben würden.

Die etablierte Parteienlandschaft hatte dieser Entwicklung lange nichts entgegenzusetzen. Zu klug waren die Themen gewählt, zu einfach die Parolen formuliert, zu tief die Taschen von Blocher und Konsorten. Die Durchsetzung eines Minarettverbots war nur ein Erfolg dieser Strategie, vermutlich aber der mit der größten Reichweite über die Grenzen der

Schweiz hinaus. Ein weiterer bestand im Sieg in der Abstimmung über die sogenannte Ausschaffungsinitiative. Damals warb die SVP mit einem rassistischen Plakat, auf dem man sah, wie ein weißes Schaf ein schwarzes Schaf aus dem Land tritt. In der Abstimmung war es darum gegangen, dass straffällig gewordene Ausländer automatisch abgeschoben (ausgeschafft) werden sollten. Sogar dann, wenn sie in der Schweiz geboren sind, sich zuvor nichts haben zuschulden kommen lassen oder es sich um EU-Bürger handelt.

Nach der Abstimmung wurde dieses Anliegen aufgrund rechtlicher Bedenken im Hinblick auf internationale Verträge verwässert, wogegen die SVP 2014 mit der sogenannten Durchsetzungsinitiative vorging. Die Abstimmung schien so gut wie entschieden – in Umfragen unterstützten über 60 Prozent der Schweizer das SVP-Anliegen. Die etablierten Parteien, die Wirtschaftsverbände und Gewerkschaften hatten weder eine Idee noch die Kraft, dem etwas entgegenzusetzen. Da trat Operation Libero auf den Plan.

Diese Initiative bestand damals vor allem aus einigen jungen Leuten zwischen zwanzig und dreißig, die sich zumeist durch ihr Engagement für den Thinktank Foraus (Forum Außenpolitik) kannten. Mit winzigem Budget schaffte es die neu formierte Truppe trotzdem innerhalb weniger Monate, das Momentum zu drehen und am Ende die Durchsetzungsinitiative in der Abstimmung klar scheitern zu lassen.

Wie war das möglich? Der Schlüssel zum Erfolg war das, was man im Volksmund »Den Gegner mit seinen eigenen Waffen schlagen« nennt. Mit dem Unterschied, dass die Liberos dabei nicht zu unlauteren Mitteln wie Auslassungen und Lügen griffen.

Lange Jahre waren es die Rechtspopulisten gewesen, die sich die Symbole der Schweiz – Schweizerkreuz, Helvetia, Rütlischwur und Co. – angeeignet hatten und damit den Anschein erweckten, sie seien die Verteidiger des Schweizertums.

So weit, so schlecht. Dass die Schweiz ein Land mit einer zutiefst solidarischen, rechtsstaatlichen Tradition ist, ging dabei lange Zeit unter.

Genau an dieser Stelle setzte die Operation Libero an. War es nicht unschweizerisch, die Gewaltenteilung faktisch aufzuheben, indem man den Gerichten bei der Verurteilung von Ausländern das Strafmaß diktiert? War es nicht unschweizerisch, Menschen, die in der Schweiz geboren waren, wie Fremde zu behandeln, nur weil sie sich nicht um einen Schweizer Pass bemüht hatten? War es nicht unschweizerisch, Verträge mit der EU plötzlich einseitig infrage zu stellen? Wo doch gerade die Schweizer für ihre Zuverlässigkeit bekannt sind!

Natürlich hätten diese Gedanken kaum verfangen, wären sie nicht ähnlich plakativ verpackt worden wie zuvor bei der SVP. Was der SVP das schwarze und das weiße Schaf, war der Operation Libero eine Abrissbirne, die als Symbol für die Durchsetzungsinitiative das Schweizerkreuz zertrümmert.

Die Strategen der Initiative wissen, dass man solche Bilder nicht ständig verwenden kann, weil sie sich sonst schnell abnutzen. Aber in diesem Fall war die Provokation wohlkalkuliert – und sie wirkte. Damit gelang es bei dieser Abstimmung zum ersten Mal seit Jahren, so etwas wie eine Beweislastumkehr zu schaffen. Plötzlich war es nicht mehr die SVP, die alle anderen vor sich hertrieb, sondern sie befand sich selbst in der Defensive und musste sich für ihre »unschweizerische« Initiative rechtfertigen.

Seitdem hat die SVP keinen wesentlichen Erfolg mehr einfahren können – und die Operation Libero hat mittlerweile organisatorische Wurzeln geschlagen. Das sind gute Vorzeichen, auch wenn man bei den Aktivisten durchaus weiß, dass der Überraschungseffekt natürlich nicht von Dauer ist. Sie müssen damit rechnen, dass die Rechten ihre Strategie anpassen. Hinter den Kulissen tut man alles, um darauf vorbereitet zu sein. Momentan sieht es diesbezüglich recht gut aus, lassen doch die Kampagnen der letzten Monate die anhaltende Kopflosigkeit der SVP-Verantwortlichen erkennen.

Nur eine Frage steht völlig unbeantwortet im Raum: Wann tritt auch in Deutschland jemand in die Fußstapfen der Schweizer Liberos?

Rolle von Institutionen

Am 1. Februar 1933 hielt der Pfarrer Dietrich Bonhoeffer einen Radiovortrag mit dem Titel *Wandlungen des Führerbegriffes*. Er verlangte darin die Begrenzung der totalen Machtfülle des Reichskanzlers durch rechtsstaatliche Ordnung und Volkswohl. »Der Führer wird sich dieser klaren Begrenzung seiner Autorität verantwortlich bewusst sein müssen. Versteht er seine Funktion anders, als sie so in der Sache begründet ist, […] dann gleitet das Bild des Führers über in das des Verführers, dann handelt er verbrecherisch am Geführten wie an sich selbst«, formulierte er wörtlich. Der echte Führer müsse die Geführten von der Autorität seiner Person weg zur Anerkennung der echten Autorität der Ordnungen und des Amtes führen, denn: »Führer und Amt, die sich selbst vergotten, spotten Gottes.«

An dieser Stelle wurde die Rundfunkübertragung wegen der deutlichen Kritik an nationalsozialistischem Führerprinzip und Hitlerkult abgebrochen. Hitler war erst zwei Tage zuvor, am 30. Januar 1933, ins Amt gekommen. Die Verantwortlichen bei der Radiostation hatten dessen Agenda allerdings bereits in sich aufgesogen und handelten in vorauseilendem Gehorsam. Welch ein warnendes Beispiel für die Selbstaufgabe von Institutionen, die kurz zuvor noch in einem demokratischen Staat gewirkt hatten!

Der Schweizer Schriftsteller Peter von Matt formuliert in seinem bereits zitierten Essay im Sammelband *95 Anschläge* messerscharf: »Ein Politiker, der auf große finanzielle Ressourcen zurückgreifen kann, erreicht heute mit nationalistischen Parolen in kurzer Zeit dreißig Prozent der Stimmen. Wenn er die Verbreitung von Gegenargumenten zu verhindern vermag, wächst seine Chance, mehr als fünfzig Prozent zu gewinnen. Gelingt dies, kann er das politische System manipulieren. So entstehen die neuen Diktaturen.« Die Strategie liegt also offen auf dem Tisch. Hat die Welt daraus gelernt? Das Bild ist gemischt.

Als Boris Johnson im Herbst 2019 in Großbritannien versuchte, das Parlament auszuhebeln, wurde er vom dortigen Obersten Gerichtshof gestoppt. Der Premierminister hatte die Abgeordneten und die Queen überrumpelt und an der Nase herumgeführt. An den Richtern als Stellvertreter des Gesetzes scheiterte er jedoch. Wie wir alle wissen, hat der Versuch ihm nicht geschadet. Er wurde im Dezember 2019 als Premierminister mit einer großen absoluten Mehrheit im Amt bestätigt.

Josef Joffe schrieb wenige Tage nach der Österreich-Wahl 2019 mit Blick auf die Niederlagen, die Trump, Johnson, Netanjahu und die Strache-FPÖ gerade erlitten hatten, in der *Zeit:* »In Amerika, England und Israel wehren die Institutionen den Populismus ab. In Wien hat das Volk gesprochen.« Keine Frage, er hatte recht. Auch ohne Italien zu nennen, wo kurz zuvor der rebellierende rechte Scharfmacher Salvini ebenfalls die Grenzen seiner Großmannssucht durch die Institutionen vor Augen geführt bekommen hatte.

Doch man sollte sich nicht zu früh freuen. Denn die beschriebenen Beispiele sind nur Wasserstandsmeldungen, die keinen langfristigen Ausblick erlauben. Die wesentliche Frage ist vielmehr, wie lange diejenigen, die an den wichtigen Stellen sitzen, in der Lage sind gegenzuhalten, bevor sie zermürbt oder ersetzt werden.

Während in Italien Salvini in der Corona-Krise wenig zu melden hatte und der vorher angezählte Premierminister Giuseppe Conte seine Beliebtheitswerte und damit seine Machtbasis ausbauen konnte, sah es in anderen europäischen Ländern schlechter aus. Denken wir nur an Ungarn, wo Viktor Orbán die Situation der Unsicherheit ausnutzte, um den längst begonnenen Umbau des Landes zu einer »illiberalen Demokratie« zu vollenden. Das unbefristete Notstandsgesetz dient zu nichts anderem als einem dauerhaften Ausschalten unbequemer Institutionen.

US-Präsident Donald Trump teilt Orbáns Verachtung für Institutionen. Só hatte er nicht lange nach seinem Amtsantritt sein Pandemie-Expertenteam aufgelöst. Das war eine Entscheidung, die ihm im Rahmen der Corona-Pandemie heftig auf die Füße fiel. Doch nicht immer geht er derart rabiat vor. Manchmal, so zynisch es klingen mag, wartet er einfach auf den Tod. Oder, besser gesagt, auf dessen Hilfe. So im Falle von Ruth Bader Ginsburg, geboren am 15. März 1933, sechs Wochen nach Hitlers Machtergreifung.

Die Juristin war zeit ihres Lebens für Frauenrechte aktiv, sie war eine Gegnerin der Todesstrafe und setzte sich für die Öffnung der Ehe auch für Homosexuelle ein. Am Obersten Gerichtshof der Vereinigten Staaten gehört sie seit 1993 zu den liberalen Richtern. Das macht sie für viele rechte Kommentatoren zum Hassobjekt, die sich an ihrer Stelle einen konservativen Richter wünschen. Als bei ihr im Jahr 2019 zum wiederholten Mal Krebs diagnostiziert wurde, brach sich dieser Hass in Form von Todeswünschen erneut Bahn.

Man darf davon ausgehen, dass Bader Ginsburg die Reaktionen auf ihre schwere Krankheit mitbekommen hat. Der langjährige *Fox*-Moderator Bill O'Reilly etwa twitterte triumphierend: »Schlechte Neuigkeiten für die Linke: Die Benennung eines weiteren Bundesrichters ist unvermeidlich und wird bald geschehen.« Das konnte man nur als klaren Hinweis darauf verstehen, dass O'Reilly den Tod Ginsburgs nicht nur für ausgemachte Sache, sondern auch für wünschenswert hielt.

Etwa ein Jahr nach dieser von immerhin 35 000 Menschen auf *Twitter* unterstützten Äußerung ist O'Reilly seinen Job bei *Fox* los und hat auch keinen neuen gefunden. Ginsburg wiederum trat im September 2019 im Rahmen des *National Book Festival* zum ersten Mal seit Monaten ins Scheinwerferlicht, um auf die Vermutungen über ihr baldiges Ableben zu reagieren: »Wie das Publikum sehen kann, bin ich am Leben [...] Bald wird es mir wieder sehr gut gehen.«

Es ist selbstverständlich schwierig, den Wahrheitsgehalt dieser Aussagen aus der Ferne einzuschätzen. Ginsburg war zum Zeitpunkt der Äußerungen 86 Jahre alt und wurde zum wiederholten Mal wegen Bauchspeicheldrüsenkrebs behandelt. Die Wahrscheinlichkeit, dass sie je zu ihrer vollen Leistungsfähigkeit zurückfinden wird, ist eher gering. Das sollte jedem klar sein, egal ob Freund oder Gegner. Insofern muss man die Worte der Bundesrichterin vor dem Hintergrund ihrer Biografie politisch verstehen. Sie hat offensichtlich nicht vor abzutreten, bevor ein neuer Präsident oder eine neue Präsidentin im Amt und damit die Gefahr gebannt ist, dass Donald Trump einen weiteren Bundesrichter ernennen kann.

Bader Ginsburg, die von Bill Clinton benannt wurde, ist sehr bewusst, was sie als Bundesrichterin in bald drei Jahrzehnten auf den Weg bringen konnte. Ihr ist daher auch völlig klar, in welcher Gefahr das Vermächtnis ist, für das sie ihr Leben lang in unterschiedlichen Positionen gekämpft hat. Amerikanische Bundesrichter werden auf Lebenszeit in ihr Amt berufen. Es ist kein Naturgesetz, dieses Amt auch bis zum Lebensende ausüben zu müssen. Bader Ginsburgs Vorgänger etwa hatte sich aus Altersgründen zurückgezogen. Im Falle der Richterin aus New York allerdings dürfte dieser Schritt ausgeschlossen sein, zumindest solange Donald Trump im Amt ist.

Anstatt gemäß dem Motto *Nach mir die Sintflut* ihren Lebensabend zu genießen, kämpft Bader Ginsburg für die nächsten Generationen um die Stabilität der demokratischen Institutionen. Das kann man heroisch nennen, selbstlos ist es auf jeden Fall. Auf jeden Fall zeigt es, wie sehr die Stabilität und die Widerstandsfähigkeit der Institutionen des Verfassungsstaats letztlich doch wieder vom Handeln einzelner Menschen abhängig sind.

Der Faktor Zeit ist daher einer, den man nicht unterschätzen sollte. Leider tickt nicht nur in denen Vereinigten Staaten die Uhr derzeit zugunsten derjenigen, die ein eher autoritäres Demokratieverständnis pflegen. Wie es aussieht, wenn diejenigen, die für die Prinzipien des liberalen und demokratischen Verfassungsstaats kämpfen, unter Druck kommen, lässt sich unter anderem in Ländern wie der Türkei, Russland, Ungarn oder Polen beobachten.

In Polen macht sich die vom Volk mit sehr ordentlichen Mehrheiten ausgestattete regierende PiS-Partei daran, die Institutionen so umzubauen, dass von diesen in Zukunft kaum mehr größerer Widerstand gegenüber Parteichef Jarosław Kaczyński und seinen Gefolgsleuten zu erwarten ist. Derzeit ist dort die Justiz eines der maßgeblichen Schlachtfelder.

Die nationalkonservative polnische Regierung hat die Gesetze in den letzten Jahren bereits so geändert, dass sie unliebsame Richterinnen und Richter aus dem Amt entfernen und dafür ihr nahestehende Persönlichkeiten einsetzen kann. Das hatte sie innerhalb kürzester Zeit bereits mehrere Hundert Male getan, bis der Europäische Gerichtshof und der polnische Oberste Gerichtshof diese Praxis als Verstoß gegen das Prinzip der Gewaltenteilung bewerteten.

Als Nächstes brachte die Regierung im Parlament einen Gesetzentwurf ein, der es Richterinnen und Richtern faktisch unter Strafandrohung verbietet, sich auf diese Entscheidung zu berufen. Damit werden Richterinnen und Richter bestraft, wenn sie auf die Anwendung des Rechts pochen. Absurder geht es kaum.

Das Ende dieses Machtkampfs ist offen, aber je länger er dauert, desto eher neigt sich das Pendel in Richtung derjenigen, die den Rechtsstaat abschaffen und eine gelenkte Justiz einsetzen wollen. Die polnischen Institutionen allein sind jetzt schon überfordert. Ihnen hilft, was es 1933 noch nicht gab – die Existenz der EU-Gremien und EU-Institutionen, die nicht so schnell klein beigeben.

In Ungarn gehen die Uhren etwas anders, denn dort versucht Viktor Orbán derzeit eine Art Quadratur des Kreises. Er verachtet zwar die EU, ihre Werte und Institutionen ganz offensichtlich – wie es sich für einen guten Nationalisten gehört. Doch das hindert ihn nicht daran, sich dabei weiter aus den europäischen Fördertöpfen zu bedienen. Das ungarische Parlament, das Orbáns Regierung auf diesem Weg zumindest theoretisch bremsen könnte, verschließt nicht nur die Augen. Nein, es geht sogar einen Schritt weiter und hat sich mit der Verabschiedung des zeitlich unbefristeten Notstandsdekrets vom 30. März 2020 selbst entmachtet. In solch einer Situation spielt es tatsächlich fast keine Rolle mehr, welche Rechte einer Institution wie dem Parlament formell zustehen. Denn was zählen Befugnisse, auf die sich niemand mehr berufen will?

Aus diesen und weiteren Beispielen von jenseits unserer Landesgrenzen ergibt sich für jeden Einzelnen von uns eine ganz konkrete Aufgabe, von der weiter oben in einem anderen Kontext schon einmal die Rede war: Impulskontrolle. Wir sind in emotionalen Situationen schnell dabei, Dinge zu fordern, die bei ihrer Umsetzung das Gleichgewicht zwischen den Institutionen ändern würden. Das Parlament blockiert einen Gesetzentwurf der Regierung? Mehrheitswahlrecht! Das Verfassungsgericht stoppt einen unausgereiften Gesetzentwurf? Andere Richter! Das Parlament entscheidet sich nicht so, wie wir es uns gewünscht hätten? Direkte Demokratie!

Nicht dass man über diese Forderungen nicht diskutieren könnte. Ich möchte nur dazu aufrufen, sich zuvor zwei Dinge zu überlegen. Erstens, warum ist es derzeit genau so, wie es ist, und nicht anders? Welche Vorteile hat die existierende Lösung? Zweitens, würden wir uns die Änderung auch dann noch wünschen, wenn die Zeiten anders und Politiker im Amt sind, die die liberale Demokratie und den Rechtsstaat abschaffen wollen?

Bestimmt fallen jedem von uns Gerichtsurteile ein, die er vielleicht als skandalös, auf jeden Fall aber als falsch empfindet. Vielleicht war man sogar selbst schon von einer ungerechten Entscheidung betroffen. Glauben Sie mir, ich kenne das Gefühl. Dennoch gibt es Gründe, warum die Richter in Deutschland unabhängig von politischen Einflüssen sind. Wir erleben in Polen gerade, dass das auch gut so ist. Das heißt nicht, dass man Gerichtsentscheidungen nicht kritisieren kann und soll. Aber wir tun alle gut daran, die persönliche, die emotionale Ebene und die Frage nach dem Institutionengefüge voneinander zu trennen.

Mit dem System, wie es in Polen gerade umgesetzt werden soll, haben die Deutschen bereits zweimal schlechte Erfahrungen gemacht. Weder in der DDR noch im Dritten Reich waren die Richter frei, sondern hatten einen politischen Auftrag zu erfüllen. Das Recht mussten sie dabei gar nicht beugen. Das »Gesetzesunrecht« war schnell durch die Parlamente gepeitscht, und es gab keinen mehr, der das hätte verhindern können.

Grenzen der Technologie

Es ist November 2019. An einem kalten Tag in einer kalten Stadt in Deutschland treffe ich Cynthia. Cynthia ist um die dreißig. Eine junge Frau, die in allem, wie sie ist und was sie tut, stellvertretend für eine internationale Kaste von Kosmopoliten stehen könnte. Sie ist mehrsprachig und hat Freunde aus aller Welt, ihre Ex-Freunde hatten unterschiedliche Nationalitäten, und natürlich ist sie bestens ausgebildet.

Doch an diesem Abend, in einem Restaurant in Deutschland, ist alles anders. Als das wunderbar angerichtete Essen auf dem Tisch steht, erwähnt sie nebenbei, dass sie das typisch deutsche Gericht gerne fotografiert und über Instagram ihren Freunden in der Heimat präsentiert hätte. Doch das geht nicht. Nicht mehr. Das Handy, mit dem sie unterwegs ist, ist ein ganz einfaches Prepaid-Handy. Ohne Kamera und ohne gespeicherte Kontakte, mit einer SIM-Karte ohne Datentarif. Denn Cynthia kommt aus Hongkong und hat während der Proteste des Jahres 2019 erleben müssen, wie die Kehrseite einer vollständig vernetzten Realität aussehen kann.

Cynthia heißt natürlich nicht Cynthia. Genauso wenig, wie sie über die sozialen Medien oder das Betriebssystem ihres Handys von chinesischen oder prochinesischen Kräften verfolgt werden will, möchte sie ihren Namen oder ihr Gesicht in Nachrichtensendungen, Zeitungen oder Büchern verewigt sehen. Gleichzeitig ist sie darauf angewiesen, ihre Geschichte zu erzählen, sich mit Menschen zu vernetzen, möglichst viele zu treffen und sie auf die Situation der Menschen in ihrer am Südchinesischen Meer gelegenen Heimat aufmerksam zu machen.

Die junge Frau aus Hongkong ist in einer absurden Situation gefangen. Genau die Mittel, mit denen Milliarden Menschen auf der Welt sich als öffentliche oder halb öffentliche Persönlichkeiten inszenieren, mit denen sie versuchen, die

Wahrnehmung zu steuern, die andere von ihnen haben, stehen ihr nicht mehr zur Verfügung. Weil sie von einer feindlichen Macht gegen sie eingesetzt werden. Die hypothetische Möglichkeit, ihre ganz persönliche Meinung öffentlich zu äußern und dafür ohne den Umweg über journalistische Torwächter Unterstützung zu gewinnen, ist gleichzeitig das reale Instrument, mit dem sie verfolgt, überführt und mundtot gemacht werden soll. Dazu muss sie sich nicht einmal unliebsam geäußert haben. Mit den »falschen« Leuten kommuniziert zu haben und an den »falschen« Orten gewesen zu sein reicht aus.

»Welche Tools funktionieren, lernen wir auf die härteste Art. Wenn einige von uns nach einem Chat auf einer bestimmten Plattform festgenommen werden, wissen wir zumindest, dass diese nicht – oder nicht mehr – sicher ist«, berichtet sie. Nur um nachzuschieben, dass es zumindest in Hongkong eigentlich kein kommerzielles Kommunikationsangebot mehr gebe, bei dem die Vertreter und Sympathisanten der Volksrepublik nicht mitlesen oder mithören würden.

Wer hätte gedacht, dass gerade an einem technologisch so hochgerüsteten Ort wie Hongkong die gut ausgebildeten und urban geprägten jungen Menschen an den Punkt kommen, an dem sie sich vollständig von den Errungenschaften unserer Zeit abwenden. Bargeld statt Kreditkarte. Billiges Einweghandy statt leistungsfähigem Smartphone. Alles nur, um sich wenigstens einen kleinen Freiraum zu erhalten, in dem sie ihren Widerstand gegen die autoritäre Datenkrake und den ausufernden Überwachungsstaat organisieren?

Der weltbekannte Whistleblower Edward Snowden hat mit Blick auf die zunehmend lückenlose und zumeist anlasslose Überwachung der Bürger in den USA einen Satz geprägt, der auch an allen anderen Orten der Welt gilt. »Es wäre eine Tragödie, wenn wir uns eines Tages endlich zum Widerstand entschließen und feststellen würden, dass es dafür zu spät ist«, schreibt er in seiner 2019 erschienenen Autobiografie mit dem Titel *Permanent Record*. Mit Blick auf Cynthias Geschichte muss man sich die Frage stellen, ob dieser Zeitpunkt in Teilen der Welt nicht bereits gekommen ist oder zumindest kurz bevorsteht.

Auch bei uns müssten diese Themen eigentlich eine viel größere Rolle in der politischen Debatte einnehmen. Nicht nur in Zeiten von Corona. Nehmen wir die Absicht Deutschlands, den Auftrag für den Aufbau des 5G-Netzes an den chinesischen Staatskonzern *Huawei* zu vergeben. Für Cynthia ist die Vorstellung, dass sich Deutschland und Europa freiwillig weiter in die Abhängigkeit vom chinesischen Staat begeben, einfach nur absurd. Wer mag es ihr verdenken. Allein, der Mensch scheint nicht dafür gemacht zu sein, aus den Fehlern und Problemen anderer zu lernen.

Man muss sich vor Augen halten, dass technologischer Fortschritt in den meisten Fällen nicht ideologisch eindeutig verortet ist. Die zunehmende Vernetzung kann genauso dazu genutzt werden, Menschen effektiver zu überwachen und zu unterdrücken, wie dazu, Proteste gegen autoritäre Regime effizienter und effektiver zu organisieren. Man kann mit ihrer Hilfe auch die Ausbreitung eines Virus bekämpfen, wie wir es im Rahmen der Corona-Epidemie in einigen Staaten gesehen haben.

Open Data und *Open Source* etwa sind Ergebnisse von Initiativen, die emanzipatorischen Impulsen folgten. Das heißt allerdings nicht automatisch, dass die tatsächliche Nutzung immer mit den ursprünglichen Zielen konform gehen muss. Ganz im Gegenteil ist es sogar möglich, diese vollkommen zu konterkarieren. Technologie ist am Ende so gut oder so schlecht wie die Menschen, die sie für sich nutzen.

Deutung von Geschichte(n)

Es ist der 23. März 2003. Der Irakkrieg, den die USA und ihre Verbündeten gegen Saddam Hussein führen, ist gerade drei Tage alt. Die 19-jährige Soldatin Jessica Lynch ist mit ihrer Einheit, der 507th Maintenance Company, in der Nähe der südirakischen Stadt Nassirija unterwegs. Aufgrund der schwierig zu befahrenden Sandpisten hat der Konvoi, in dem sie sich mit ihrem Truck befindet, mit häufigen Verzögerungen und Pannen zu kämpfen und muss vom ursprünglichen Plan abweichen. Auch Lynchs Fahrzeug hat einen Schaden, sie steigt in ein anderes Fahrzeug um, das danach weitere Soldaten aufsammelt.

Die Umgebung, in die der geschrumpfte Konvoi gerät, wird zunehmend feindseliger. Auf den Dächern der am Straßenrand stehenden Häuser stehen grimmig dreinblickende Einheimische mit Waffen. Plötzlich wird der voll besetzte Wagen von einer Rakete getroffen. Drei Insassen sterben sofort, Jessica Lynch wird schwer verletzt. Das hält die junge Soldatin allerdings nicht davon ab, sich eine ganze Zeit gegen die angreifenden Iraker zu wehren. Bevor sie gefangen genommen wird, tötet sie mehrere der brutalen Angreifer. Selbst in der Gefangenschaft, in der sie nicht ordentlich versorgt, sondern von den Irakern übel misshandelt wird, zeigt sie eisernen Willen und lässt sich nicht unterkriegen.

Ihr Durchhaltevermögen wird belohnt. Am 1. April, eine Woche nach dem Überfall und Lynchs Gefangennahme, stürmt eine Spezialeinheit der US-Armee das Krankenhaus, in dem sie als Geisel gehalten wird. Trotz heftiger Gegenwehr der irakischen Streitkräfte wird die Frau befreit.

Das Video von der Rettung wird vom Pentagon noch am selben Tag zur Veröffentlichung freigegeben. Jessica Lynch wird als amerikanische Heldin, als große Patriotin gefeiert und von der wegen des fragwürdigen Krieges zunehmend unter Druck stehenden amerikanischen Regierung vereinnahmt. Verständlicherweise, denn wer würde bestreiten wollen, dass Jessica Lynch Heldenmut bewiesen hat?

Nun, sie selbst. So gerne es das Pentagon gehabt hätte, dass seine Version der Geschichte unwidersprochen bleibt, so wenig wollte sich die junge, schwer verletzte Soldatin daran halten. Ja, den Überfall habe es gegeben. Nicht jedoch ihren Widerstand, allein schon deshalb, weil ihre Waffe geklemmt habe, erklärte sie in einem Fernsehinterview nach ihrer Rückkehr. Im Krankenhaus sei sie vom irakischen Personal bestens behandelt worden, zumindest im Rahmen der Möglichkeiten, die ein irakisches Provinzkrankenhaus mitten im Kriegsgebiet habe. Auch sei sie keine Geisel gewesen. Vielmehr hätten die Iraker sogar versucht, sie den Amerikanern zu übergeben. Als sie allerdings von Soldaten beschossen wurden, sei sie zurück ins Krankenhaus gebracht und dort weiter gepflegt worden. Auch das amerikanische Rettungsteam sei nicht beschossen oder mit sonstigem Widerstand konfrontiert worden. Vielmehr seien die Einsatzkräfte vom irakischen Krankenhausteam zu ihr geleitet worden. Außerdem habe man ihr Rettungsteam auf eine Stelle hingewiesen, wo die bei dem Überfall zu Tode gekommenen Soldaten begraben worden waren, sodass die Amerikaner deren Leichen bergen konnten. Man kann sich vorstellen, dass das Interview einschlug wie eine Bombe in den irakischen Wüstensand.

Die 19-jährige Jessica Lynch hatte sich dagegen entschieden, den Heldenstatus anzunehmen, den ihr die Propaganda des Pentagons andichten wollte. Ob ihr bewusst war, dass sie für falsche Zwecke instrumentalisiert werden sollte? Oder ob sie schlicht nicht ihr gesamtes Leben mit einer Unwahrheit leben wollte? So genau lässt sich das heute nicht mehr nachvollziehen.

Interessant ist die Geschichte nicht nur, weil sie uns etwas darüber erzählt, wie wichtig Heldengeschichten in westlichen

Demokratien zu sein scheinen. Wir lernen auch, wie weit manche Regierungen zu gehen bereit sind, um mithilfe von solchen Geschichten fragwürdigen Entscheidungen einen, wenn schon nicht legitimen, so doch zumindest sympathischen Anstrich zu geben. Außerdem ist die junge Frau ein lebendiges Beispiel dafür, dass man als einzelner Mensch selbst gegenüber einer Propagandamaschine wie der des Pentagons nicht machtlos ist. Zumindest, wenn man noch lebt.

Lynch selbst brachte diesen Punkt im Rahmen einer Anhörung des Repräsentantenhauses im Jahr 2007 auf. Dort stellte sie fest, sie habe im Gegensatz zu vielen anderen Soldaten und »Kriegshelden« das Glück und die Möglichkeit gehabt, nach Hause zurückzukehren und die Wahrheit zu erzählen. Diese Aussage sollte man im Hinterkopf haben, wenn Militärs irgendwo auf der Welt Heldengeschichten erzählen. Ebenso wie Lynchs Erkenntnis, dass es die Wahrheit im Krieg nie leicht habe. Das gilt übrigens auch für Zeiten, in denen ein (Bürger-) Krieg herbeigeredet wird.

Jenseits ihrer durchaus als Warnung zu verstehenden Aussagen hat die ehemalige Soldatin einen durchaus positiven Blick auf die Welt, genauer gesagt auf ihre Mitmenschen. Sie sei überzeugt, dass die Amerikaner in der Lage seien, die Kriterien, an denen sie Heldentum festmachten, selbst zu bestimmen, ohne sie mit »sorgfältig ausgearbeiteten Lügen« auf den vermeintlich richtigen Weg zu bringen. Dass sie mit dieser Überzeugung zumindest mit Blick auf die Zeit Anfang der 2000er-Jahre nicht vollkommen falschliegen dürfte, zeigt sich an den Reaktionen auf ihre öffentlichen Auftritte.

Die progressiven Medien haben, kaum überraschend, Lynch nach ihren Äußerungen gefeiert. Der britische *Guardian* etwa zeichnete sie als eine der Frauen des Jahres 2003 aus, unter anderem gemeinsam mit Madeleine Albright, der früheren amerikanischen Außenministerin. Die Begründung dafür war nicht ihr Widerspruch gegen die erlogene Geschichte ihrer

Rettung, sondern vielmehr die fast spröde Art, mit der Lynch diesen begründet hatte: »Ich möchte nicht für etwas gefeiert werden, was ich nicht getan habe.« Für das progressive Milieu wurde sie zur Heldin, weil sie keine Heldin sein wollte.

Doch auch aus der anderen Richtung blieben Angriffe rar. Es gab nur ein paar boulevardeske Pseudo-Enthüllungen. So soll Lynch einmal an einer Stripteaseparty teilgenommen haben. Insgesamt jedoch muss man konstatieren: Anstatt des heute üblichen Shitstorms erntete die junge Soldatin auch aus konservativen Kreisen vor allem Anerkennung oder sogar Applaus.

Ihr Statement vor dem Ausschuss des Repräsentantenhauses im Jahr 2007 beendete die inzwischen 23-jährige und nicht vollständig von ihren Verletzungen genesene ehemalige Soldatin mit einem bemerkenswerten Satz: »The truth is always more heroic than the hype.« Interessant ist die Doppeldeutigkeit, die im Englischen dort versteckt ist. Meinte sie: »Die Wahrheit ist immer heldenhafter als die kurzfristige Aufmerksamkeit.« Oder eher: »Die Wahrheit ist immer heldenhafter als der Schwindel.« Oder meinte sie gar beides? Auf jeden Fall ist beides wahr.

Die Frage, die offenbleibt, ist eine andere. Ist die Wahrheit stark genug, sich gegen unsere Gier nach neuen Heldengeschichten und diejenigen durchzusetzen, die diese Gier mit fragwürdigen Mitteln zu bedienen bereit sind? Im Falle von Jessica Lynch war dies der Fall. Doch häufig wird die Wahrheit von den täglichen Eruptionen der Aufmerksamkeitsökonomie – was der sprichwörtlichen Sau entspricht, die durchs Dorf getrieben wird – verschüttet. Empört ist man schnell, für Recherche und Reflexion bleibt selten Zeit. So bekommen wir nicht mehr mit, wenn sich schließlich herausstellt, dass eine Geschichte sich vielleicht doch anders zugetragen hat.

Natürlich wird dieser blinde Punkt von Profis gerne ausgenutzt. Edward Snowden wusste, dass man nach der Veröffentlichung seiner Erkenntnisse versuchen würde, ihn öffentlich zu diskreditieren. Deshalb bereitete er sich auf diesen Fall akribisch vor, um die Deutungshoheit über seine persönliche Geschichte zu behalten, wie er in seiner Biografie schreibt. Diese Möglichkeit hatte Jessica Lynch zwar nicht, aber in ihrem Fall half ihre Biografie, die viel zu amerikanisch war und ist, um sie diskreditieren zu können. Die Soldatin wehrt sich zwar bis heute gegen die Verbreitung der Propagandalüge rund um ihre Person, lässt aber ansonsten keinen Zweifel daran, dass sie eine Patriotin und ein *all american girl* ist.

Selbst heute, mehr als fünfzehn Jahre nach ihrer Rückkehr aus dem Irak und nach ihrer ehrenvollen Entlassung, lässt sie sich in ihrem Beruf als Lehrerin dabei filmen, wie sie ihre Schüler auf das Sternenbanner schwören lässt, die Flagge der Vereinigten Staaten. Ihre Helden seien all diejenigen, die sagen: »Mein Land braucht mich«, und auch bereit sind, dieser Aussage Taten folgen zu lassen, etwa als Soldaten.

Das mag Europäern ziemlich fremd sein. Auf der anderen Seite des Atlantiks aber ist diese Mischung aus Patriotismus und Differenzierung, Nationalstolz und Ehrlichkeit vielleicht die letzte Chance, die Risse in einer von den Fliehkräften des trumpschen Populismus zunehmend in zwei Lager gespaltenen Gesellschaft zu kitten. Eine Heldin der einen, die der Dämon der anderen Seite ist, mag die jeweiligen Gruppen enger zusammenbringen. Mit Blick auf die gesamte Gesellschaft ist allerdings das Gegenteil der Fall. Es braucht nicht nur in Amerika Geschichten, die die unterschiedlichen Lager eher zusammenbringen, als sie weiter auseinanderzutreiben.

Eine politische Bewertung der Entscheidung, in den Krieg einzutreten, traut sich Lynch vielleicht nicht zu. Vielleicht sah und sieht sie das einfach nicht als ihre Aufgabe an. Die Unterscheidung zwischen Wahrheit und Lüge allerdings, zwischen Anstand und Unmoral, den kennt sie. Man darf davon ausgehen, dass sie auch in Zukunft nicht bereit sein wird, sich die Definitionen politisch verbiegen zu lassen. Insofern kann die etwas andere Heldin von 2003 eine Inspiration für einfache Bürger sein, die in Zeiten der Frontenbildung, in Zeiten von Hypes, Spins und Fake News, auf der Suche nach Orientierung sind.

Nationales Selbstverständnis

Deutschland ist ein friedliches, aufgeklärtes und in Europa eingebundenes Land. Ich finde das wunderbar. Dennoch stellt sich mir die Frage, inwiefern diese Eingebundenheit in Zukunft noch Platz für ein Nationalbewusstsein jenseits des platten Nationalismus lässt. Denn ganz egal, ob man nun selbst ein ausgeprägtes Nationalbewusstsein hat oder nicht, sollte man akzeptieren, dass das Thema nicht nur für rechte Spinner wichtig ist. Das war es in der Vergangenheit nicht und sollte es auch in der Zukunft nicht sein.

Vor etwa 100 Jahren, kurz nach dem Mord an Walther Rathenau, setzte der Sozialdemokrat Friedrich Ebert ein Zeichen. Durch die Einführung der Nationalhymne, auch damals übrigens der dritten Strophe, wollte er die einigende Kraft eines Symbols, das in der Bevölkerung verankert war, für die republikanische Mobilisierung nutzen. Seine Worte wirken heute noch aktuell: »Einigkeit und Recht und Freiheit! Dieser Dreiklang aus dem Munde des Dichters gab in Zeiten innerer Zersplitterung und Unterdrückung der Sehnsucht aller Deutschen Ausdruck. (…) Sein Lied, gesungen gegen Zwietracht und Willkür, soll nicht Missbrauch finden im Parteikampf (…) soll auch nicht dienen als Ausdruck nationalistischer Überhebung. (…) In Erfüllung seiner Sehnsucht soll unter den schwarz-rot-goldenen Fahnen der Sang von Einigkeit und Recht und Freiheit der festliche Ausdruck unserer vaterländischen Gefühle sein. (…) Der feste Glaube an Deutschlands

Rettung und die Rettung der Welt soll uns nicht verlassen.« Dem ist eigentlich nicht mehr viel hinzuzufügen.

Man muss übrigens keine Angst haben, dass man demokratische Heldinnen und Helden aus der Vergangenheit gegen den Strich bürstet, wenn man sie zum Gegenstand eines modernen Patriotismus macht. Denn genau für diesen standen sie. Über den von einem Rechtsextremisten ermordeten damaligen Außenminister Rathenau schrieb Sebastian Haffner: »Er war (...) als Jude deutscher Patriot, als deutscher Patriot liberaler Weltbürger (...) ein strenger Diener des Gesetzes.«

Heinrich Heine, der es vorzog, die Unfreiheit seiner Zeit aus dem Ausland zu beobachten, war überzeugt, dass sein Patriotismus realer war, als es der seiner reaktionären Kritiker jemals sein konnte. Die Nazis wussten um seine emotionale Zugkraft und wollten deshalb auf seine Texte nicht verzichten. Sie tilgten kurzerhand seinen Namen unter der Hymne und schrieben *Autor unbekannt.*

Von Sophie Scholl ist überliefert, dass sie nicht akzeptieren wollte, dass der rechte Furor sich den Denkmantel genau der Heimatliebe umhängte, die sie für sich in Anspruch nahm. »Ich kann es nicht begreifen, dass nun dauernd Menschen in Gefahr gebracht werden von anderen Menschen. Ich kann es nie begreifen und ich finde es entsetzlich. Sag nicht, es ist fürs Vaterland«, waren ihre Worte. Auch Ricarda Huch hielt die Brutalität der Nazis nicht etwa für typisch deutsch, sondern für »undeutsch und unheilvoll«. Damit stand sie an der Seite von Victor Klemperer, der die Nazis ebenfalls für undeutsch hielt und für sich feststellte: »Ich bin für immer Deutscher, deutscher ›Nationalist‹.«

All diese Menschen waren also Patrioten im besten Sinne. Diejenigen, die dasselbe heute von sich behaupten und ihre menschenfeindlichen Forderungen inzwischen unter Schwarz, Rot und Gold statt Schwarz, Rot und Weiß verbreiten, sind es nicht. Zeit, dieses Verhältnis wieder geradezurücken.

Das ist nicht nur eine Aufgabe für diejenigen, die sich eher in der Mitte oder rechts im demokratischen Spektrum einordnen würden. Ganz im Gegenteil. Cem Özdemir, langjähriger Bundesvorsitzender der Grünen, hat das erkannt. In einem Beitrag mit dem Titel *Flagge zeigen* warb er in der *Zeit* dafür, »die Farben unserer freiheitlich-demokratischen Grundordnung, dieses Symbol unserer Verfassung« nicht den Rechtsradikalen zu überlassen. Man solle Schwarz-Rot-Gold vielmehr »als Ermunterung verstehen für unseren entschlossenen Kampf um den Zusammenhalt in einer offenen und freien Gesellschaft im Herzen Europas«.

Eine Gesellschaft sollte nicht nur auf ihre Geschichte stolz sein, sondern aus ihr auch für Gegenwart und Zukunft Lehren ziehen können. Oder wie es Ernest Renan formuliert hat: Eine Nation lebt von dem Gedanken, »in der Vergangenheit große Dinge gemeinsam getan zu haben und andere in der Zukunft miteinander tun zu wollen«. Vor allem der zweite Teil ist relevant.

Es ist außerdem wichtig zu verstehen, dass diese großen Dinge oder das Höchste, nach dem die Deutschen laut Schiller streben sollen, heute nicht mehr Ländereien und erbeuteter Reichtum sind. Es ist nicht mehr der Glaube daran, dass am deutschen Wesen die Welt genesen soll. Deutschland ist ein Land, das nicht mehr von Großmannssucht getrieben ist, sondern seine geschrumpften Grenzen ohne Murren akzeptiert, ein verlässlicher Partner in Europa und der Welt.

Der Schriftsteller Peter von Matt hat die Möglichkeiten und die Anforderungen an einen modernen Nationalstaat wunderbar auf den Punkt gebracht. »Der Nationalstaat besitzt ein Glückspotential«, schreibt er im Sammelband *95 Anschläge*. Denn »er schafft Gefühle der Zusammengehörigkeit und einer gemeinsamen Vergangenheit. Heimat«. Gleichzeitig besitze der Nationalstaat aber auch Gefahrenpotenzial. Denn »die nationale Identität bildet sich über Kontrast zu anderen

Staaten und Völkern. Sobald der Zusammenhalt im Innern gefährdet ist, muss dieser Kontrast verschärft werden. Dann werden die Nachbarn, werden alle Fremden zu Feinden.«

Ein Deutschland, in dem man stolz auf die Aufarbeitung der eigenen Geschichte und auf Willy Brandts Kniefall ist, wirkt nicht mehr bedrohlich. Es ist demütig, ohne sich kleinzumachen. Es ist nicht mehr die »verspätete Nation«, sondern ein Land, das in vielem ganz ohne lautes Gebrüll zum Vorbild für andere Länder geworden ist. Ein Land, das nicht mehr seine Kriegserfolge feiert, sondern das den Opfern deutschen Menschenhasses Denkmäler setzt und die Jahrestage des Kriegsendes als Befreiung feiert – das ist die Bundesrepublik.

Dass es so weit kommen konnte, ist das Verdienst vieler Menschen, die für ein Deutschland gekämpft haben, das genauso sein sollte. Auf diese Menschen stolz zu sein, sich an ihnen zu orientieren, das ist kein falsch verstandener Nationalismus. Nein, das sind wir diesen demokratischen, deutschen Heldinnen und Helden einfach schuldig. Jeder und jedem einzelnen von ihnen. Und vielleicht sollten wir auch den einen oder anderen Stein in der Vergangenheit noch einmal umdrehen und darunter nachsehen, ob wir nicht noch weitere Persönlichkeiten finden, von denen wir für heute etwas lernen können. Selbst dann, wenn diese in der Vergangenheit eher als Verräterinnen und Verräter denn als Heldinnen und Helden wahrgenommen wurden.

Der radikaldemokratische Politiker Carl Schurz musste sein Vaterland verlassen, in dem für ihn nach der gescheiterten Revolution von 1848 kein Platz mehr war, um in den USA als Innenminister zu reüssieren. Fritz Bauers unbestrittene Leistungen werden in den Filmen über ihn durch die Diskussion seiner möglichen Homosexualität fast überlagert. Marlene Dietrich musste bei ihrer Rückkehr nach Deutschland ebenso mit brutaler Ablehnung und Anfeindungen umgehen wie der Widerständler und spätere tragische Verfassungsschutzchef

Otto John oder der Kanzler Willy Brandt. Wenn man nur lange genug wühlt, findet man bei jedem Menschen Schwächen, auch Kritikwürdiges.

Um bei Brandt zu bleiben, warum erscheinen gerade in den letzten Jahren wieder Bücher, die sich nicht mit den unbestrittenen Leistungen des Widerstandsaktivisten und SPD-Kanzlers, sondern vor allem mit dessen Fehlern und persönlichen Verfehlungen beschäftigen? Gehen wir Deutsche mit unseren Großen nicht viel zu fahrlässig um? »Die Deutschen mögen Helden nicht. Die wollen einen abstürzen sehen«, eine Aussage des Schauspielers Götz George, sollte man nicht vollständig ignorieren.

Machen wir es in Zukunft besser. Nehmen wir die, die für ein freies, freundliches und demokratisches Land aktiv geworden sind, die etwas riskiert haben für den Traum von einem Deutschland wie der Bundesrepublik heute, und feiern sie. Es wirkt reichlich absurd, dass gerade sie kritischer betrachtet werden als die Denkmäler für die Soldaten der Weltkriege, die auf kaum einem deutschen Friedhof fehlen.

Andere Nationen feiern ihre Kriegshelden bei jährlichen Paraden, wir machen dieses Spiel aber nicht mehr mit. Wenn unsere Soldatinnen und Polizisten ausgebildet werden, steht nicht Deutschland an oberster Stelle, sondern die Würde des Menschen. Das ist ein Wert, der den Dietrichs, Brandts und Bauers mehr zur Ehre gereicht als jedes Denkmal.

In Moskau steht seit einiger Zeit Michail Kalaschnikow mit einem der von ihm erfundenen Gewehre auf einem Sockel, obwohl er in seinen letzten Lebensjahren mit dieser Erfindung gefremdelt hatte. Doch das weiß kaum jemand. Die Debatte um die Deutungshoheit über Kalaschnikow ist mit dem Gießen in Bronze beendet.

Wir sollten es genau andersrum halten. Sparen wir uns die Bronze und rollen wir stattdessen die Debatte neu auf.

PRINZIPIEN FÜR HELDEN

Dahin, wo es wehtut

Laut einer Umfrage im Auftrag des Jüdischen Weltkongresses glauben 12 Prozent der Befragten in Deutschland, die Juden steckten hinter den meisten Kriegen auf der Welt. Und 25 Prozent sind überzeugt, dass Juden zu viel Macht in Wirtschaft und Politik haben. Weitere 41 Prozent finden, die Juden würden zu viel über den Holocaust reden und eher Israel als Deutschland die Treue halten. Derlei Einstellungen sind ganz offensichtlich kein Nischenphänomen in der deutschen Gesellschaft. Wie geht man damit um, wenn man als Jude in Deutschland lebt, eigentlich hierbleiben und seine Kinder großziehen will? Die vermeintlich einfache Antwort: trotzdem auswandern. Das wäre allerdings auch ein Aufgeben. Davon ganz abgesehen, dass es eine Schande ist, dass darüber heutzutage überhaupt wieder nachgedacht werden muss.

Der jüdische Rapper Ben Salomo, den wir bereits kennen, hat einen anderen Weg gewählt. Erinnern wir uns an die Sprechchöre bei den Al-Quds-Demonstrationen. »Jude, Jude, feiges Schwein, komm heraus und kämpf allein«, hieß es dort. Ben Salomo hat genau das getan, er stellte sich in den Wind, mit offenem Visier. Wie viele junge Juden ergibt er sich nicht einfach so in einer Zeit, in der der Judenhass wieder offen wie lange nicht zutage tritt und aus allen Richtungen gleichermaßen zu kommen scheint. Zu seinen Mitstreitern gehören etwa die Mitglieder der Jüdischen Studierendenunion oder Autorinnen und Autoren wie Max Czollek, Mirna Funk, Oliver Polak oder Juna Grossmann.

In der Rap-Szene kam er mit seinem Kampf nicht mehr weiter, aber er hat ein neues Betätigungsfeld als Aufklärer an Schulen gefunden. Ich habe viele der Termine organisiert, die in der Regel mit Unterstützung der Friedrich-Naumann-Stiftung für die Freiheit stattfinden. Häufig war ich auch mit vor Ort und habe Ben Salomo als Moderator unterstützt. Bis heute bin ich jedes Mal aufs Neue überrascht, wie stark das Interesse an dem Thema nicht nur bei den Schulen, sondern auch bei den Schülerinnen und Schülern ist.

Ben Salomo hat seinen Rückzug aus der Rap-Szene also nicht mit einem Rückzug aus der Öffentlichkeit verbunden. Ganz im Gegenteil. »Ich bin so etwas wie ein Whistleblower, der der vorhandenen und durchaus berechtigten Kritik an Rappern und Texten Richtung gibt und Glaubwürdigkeit auch in der Rap-Fanbase verleiht«, konstatiert er. Neben den zahlreichen Veranstaltungen vor allem an Schulen und Universitäten hat er seine Beobachtungen in einem Buch niedergeschrieben und steht Medien regelmäßig als Gesprächspartner zum Thema zur Verfügung.

In Verbindung damit, dass er kein Blatt vor den Mund nimmt und auch Namen nennt, hat ihm das in Teilen der Rap-Szene Respekt eingebracht. In anderen Teilen hat es ihn allerdings zur Persona non grata, zum Verräter gemacht. Er ist für diese Leute der »jüdische Manipulator und Strippenzieher«, der die Rap-Szene zu »seinem finanziellen Vorteil« an die »Mainstream-Medien« verkauft. Offensichtlich hat Ben Salomo einen wunden Punkt getroffen. Denn solche Angriffe sind die zwangsläufige Reaktion, wenn man dahin geht, wo es wehtut.

Doch es gibt auch eine andere, schöne Seite dieser Arbeit. Besonders bewegend sind für alle, die an Konzeption und Durchführung der Termine beteiligt sind, die persönlichen Nachrichten von Schülerinnen und Schülern im Nachgang der Veranstaltungen. »Das hat bei mir persönlich so was wie 'nen Hebel im Kopf umgestellt, ich habe vorher nie über meine Äußerungen nachgedacht«, schreibt ein Schüler. »Deine Worte werde ich nie vergessen und deine Geschichten haben mich echt fassungslos gemacht«, formuliert eine Schülerin. Eine andere meint: »Es kommt dir vielleicht nicht so vor, aber viele haben sich zu Herzen genommen, was du gesagt hast!«

Das sind nur wenige Beispiele aus Dutzenden Nachrichten mit der gleichen Botschaft. Mehr kann man in zwei Schulstunden kaum bewegen. Man erreicht zwar mit diesen Veranstaltungen über ein ganzes Jahr verteilt nur einen Bruchteil der jungen Menschen, die jedem einzelnen der problematischen Köpfe des Deutsch-Rap in den sozialen Medien folgen. Trotzdem kann und muss man hoffen, dass das Engagement mehr ist als nur ein kleiner Tropfen auf einem großen, heißen Stein. Immerhin erleben die Schülerinnen und Schüler Ben Salomo ganz persönlich und hautnah und können ihm alle Fragen stellen, die ihnen auf dem Herzen liegen. Noch dazu wird die Debatte über Antisemitismus im Deutsch-Rap in der Öffentlichkeit inzwischen deutlich vernehmbarer und klüger geführt. Es scheint also tatsächlich ein wenig voranzugehen.

Auch Cynthia aus Hongkong haben wir bereits kennengelernt. Sie hat, ähnlich wie Ben Salomo, gar keine andere Wahl, als zu kämpfen, wenn sie in Zukunft frei und sicher leben will. Doch muss es eigentlich immer nur eine Sache derjenigen sein, die direkt betroffen sind, sich zu engagieren?

Hongkong war viele Jahre eine britische Kolonie, von 1843 bis 1997, um genau zu sein. Seit 1997 gehört die Stadt zwar offiziell zur Volksrepublik China, profitiert aber von einem weitgehenden Autonomiestatus. Vollwertige britische Staatsbürger waren die Bewohner Hongkongs zwar nie, aber über 150 Jahre unter britischer Herrschaft haben ihre Spuren hinterlassen. Das sehen nicht nur die Menschen in Hongkong so, sondern auch ein Teil der Bevölkerung in Großbritannien.

Viele Briten sind davon überzeugt, dass Großbritannien gegenüber den Bürgern seiner ehemaligen Kolonie eine besondere Verantwortung hat. Sie werben inzwischen dafür, allen Einwohnern von Hongkong britische Pässe zu geben. Zu den Wortführern dieser Forderung gehört Tom Tugendhat, seines Zeichens konservativer Abgeordneter des Unterhauses und Vorsitzender des Auswärtigen Ausschusses des britischen Parlaments. Damit ist er kein irrelevanter Hinterbänkler, sondern ein wichtiger Abgeordneter der Mehrheitsfraktion. Und Tugendhats Position ist keine Einzelmeinung in der britischen Politik. Das zeigte sich in einer Unterhausdebatte im Herbst 2019. Diese ging zwar ohne rechtlich bindendes Ergebnis zu Ende, doch wurde deutlich, dass eine große Zahl der Abgeordneten durchaus offen für den Vorschlag ist, sollte sich die Lage in Hongkong weiter zuspitzen.

Was haben Tugendhat, seine Abgeordnetenkolleginnen und -kollegen und ihre Wähler von diesem Engagement? Der eine oder andere wird Menschen in oder aus Hongkong kennen. Aber das alleine kann kaum ausschlaggebend sein. Zumal Großbritannien ernsthafte Verwerfungen mit der Großmacht China riskiert, wenn es sich an die Seite der gerade einmal sieben Millionen Bewohner Hongkongs stellt. Das könnte sowohl politisch als auch wirtschaftlich schmerzhafte Konsequenzen haben.

Angetrieben werden Tugendhat, seine Mitstreiterinnen und Mitstreiter von zwei Dingen. Zum einen stellen sie sich einer historischen Verantwortung. Die Briten hatten den Bewohnern ihrer Kolonie Hongkong einst die britische Staatsbürgerschaft versprochen. Um den Anfang der 1980er-Jahre herrschenden Abwanderungsdruck aus der Stadt zu mildern, wurde diese Zusage zurückgezogen. Seitdem ist viel Zeit vergangen, und man hätte sich nun taub stellen und so tun können, als ob man sich an das alte Versprechen nicht mehr erinnern würde.

Doch da kommt der zweite Grund ins Spiel, der Tugendhat und Co. antreibt. Das ist die Verbundenheit mit den Menschen, die Großbritannien in der Vergangenheit vertraut haben und die an genau die Werte glauben, für die das Vereinigte Königreich mit großem Stolz steht, nämlich Liberalismus, Demokratie und Rechtsstaatlichkeit. Hongkong fallen zu lassen wäre nicht nur ein Vertrauensbruch, sondern auch ein

Einknicken des freiheitlichen Denkens vor dem Autoritarismus.

Was das mit Deutschland zu tun hat? Eine ganze Menge. Großbritannien steht akut vor dem Dilemma, wie es Worte und notwendige Taten in Einklang bringen soll. Uns Deutschen stellen sich ähnliche Fragen, sowohl innen- als auch außenpolitischer Natur. In der Vergangenheit haben wir uns von diesen allzu gern mit schönen Worten ablenken lassen, weil wir spürten, dass uns keine der möglichen Antworten gefallen würde. Nun müssen wir uns in die Augen schauen und überlegen, ob das unseren Ansprüchen gerecht wird. An Anlässen wird es uns in nächster Zeit jedenfalls nicht mangeln.

Dem moralischen Kompass folgen

Den Namen Sabine Leutheusser-Schnarrenberger kennen viele Menschen in Deutschland. Das gilt zumindest für diejenigen, die wenigstens durchschnittlich politikinteressiert sind. Für manche ist sie als langjährige treibende Kraft des linksliberalen Flügels der FDP ein Begriff. Dann fällt ihr Name meist in einem Atemzug mit dem von Gerhart Baum und dem des Anfang 2020 verstorbenen Burkhard Hirsch. Einige wissen noch, dass sie als Klägerin vor dem Verfassungsgericht wechselnden Bundesregierungen Niederlagen zufügte. Wieder anderen ist sie als stellvertretende Vorsitzende der liberalen Friedrich-Naumann-Stiftung für die Freiheit ein Begriff. Für manche ist sie die Justizministerin der schwarz-gelben Regierung zwischen 2009 und 2013, für manche die der schwarz-gelben Regierungszeit zwischen 1990 und 1996. Die allermeisten, denen der Name etwas sagt, verbinden ihn allerdings mit einem Rücktritt. Im positiven Sinn. Wie kann das sein?

Leutheusser-Schnarrenberger gibt die Antwort in den ersten Zeilen des Prologs ihrer 2017 erschienenen Biografie mit dem Titel *Haltung ist Stärke*. Sie sei damals aus freien Stücken zurückgetreten, allerdings »wegen eines Themas, nicht wegen einer Verfehlung oder eines Skandals«. Sie schildert Eindrücke aus Gesprächen mit interessierten Bürgerinnen und Bürgern, in denen häufig deutlich werde, dass die Menschen es gut fanden, dass sie »damals so konsequent zu ihrer Haltung gestanden« habe. Doch dann, so beschreibt die ehemalige Ministerin es, folge recht häufig die Frage, was denn eigentlich der Grund für den Rücktritt gewesen sei. Das klingt auf den ersten Blick reichlich absurd. Warum sollte man jemanden für einen Rücktritt loben, an dessen Grund man sich nicht mehr erinnert?

Nun liegt das Jahr 1996 einige Zeit zurück. Mehr als zwei Jahrzehnte sind für die menschliche Erinnerung eine Ewigkeit. Insofern verwundert es nicht, dass vielen die genauen Hintergründe nicht mehr präsent sind. Leutheusser-Schnarrenberger hatte die Entscheidung der Bundesregierung für den sogenannten Großen Lauschangriff aus Gewissensgründen nicht mittragen wollen. Dieses Gesetzesvorhaben mit seinen umfassenden Befugnissen zum Abhören von Bürgern in ihren Wohnräumen hat das Bundesverfassungsgericht im März 2004 dann tatsächlich eingeschränkt – und der ehemaligen Ministerin damit auch juristisch recht gegeben.

»Eine Ministerin, die sich bestimmten Überzeugungen und Werten verpflichtet fühlt, zu diesen steht und nicht um jeden Preis an ihrem Amt klebt – das ist das, was vor allem in Erinnerung geblieben ist«, analysiert Leutheusser-Schnarrenberger ihre Eindrücke aus den zahlreichen Gesprächen. Es wird also offensichtlich positiv wahrgenommen, wenn jemand nicht wie auch immer gearteten Verlockungen erliegt. Um sich daran zu erinnern, muss man die Details von damals nicht mehr unbedingt präsent haben.

Ähnliche Beispiele von standhaften Persönlichkeiten finden wir auch im Alltagsleben. Den meisten von uns wird der 9. Oktober 2019 noch in Erinnerung sein. Es war der Tag, an dem ein junger Mann, der vorher nicht als Rechtsextremist aufgefallen war, sich mit einem Auto voller Waffen aufmachte, die Synagoge in Halle an der Saale zu stürmen, um möglichst viele Juden zu töten.

In Halle ging das geplante Massaker vergleichsweise glimpflich aus, wenn man so etwas bei zwei Todesopfern sagen darf, die es vollkommen zufällig traf. Der Held, der den massenhaften Mord in der Synagoge verhinderte, war die alte Synagogentür, die dem Rechtsterroristen standhielt. Doch für mich gab es auch einen menschlichen Protagonisten, der mich an einem ansonsten schwarzen Tag weiter an das Gute im Menschen glauben ließ.

Es handelte sich um einen jungen Mann, der gerade in jenem Döner-Imbiss zu Gast war, in dem ein Unbeteiligter von dem Rechtsextremisten erschossen wurde. Er hatte sich dem Terroristen jedoch nicht todesmutig entgegengestellt oder einen anderen Menschen aus dem Kugelhagel gerettet. Was hätte es auch für einen Sinn gemacht? Nein, der junge Mann hatte während der Schüsse auf den Imbiss Schutz in der Toilette gesucht und war erst wieder herausgekommen, als die Polizei das Lokal gesichert hatte.

Was letztlich dafür sorgte, dass ich den jungen Mann trotzdem überaus positiv in Erinnerung behalten habe, war ein Interview, das er nur kurz nach der Tat der Reporterin des Nachrichtensenders *n-tv* gab. Das Thema war längst auf dem Weg rund um den Globus. In den sozialen Netzwerken überschlugen sich die Spekulationen, gesicherte Erkenntnisse vermischten sich mit Falschmeldungen und gezielten Fehlinformationen. Die Polizei wusste noch nicht, ob es sich um einen oder mehrere Täter handelte und welches Motiv hinter den Taten steckte.

Perfekte Bedingungen also, um der Gerüchteküche mit ein paar Vermutungen richtig Schwung zu geben und zum Star auf *Facebook, Twitter* und Co. zu werden. Doch diesem Impuls widerstand der junge Mann namens Konrad Rösler in einer beeindruckenden Art und Weise. Auf die Frage, ob er habe erkennen können, ob es sich um einen Deutschen gehandelt habe, antwortete er nicht mit einer Vermutung, sondern mit der klaren Aussage: »Ich möchte keine falschen Informationen streuen.« Auch bei weiteren Nachfragen antwortete er in dieser Art, denn: »Erinnerungen können trügen, gerade in solchen Momenten.« Das war bemerkenswert reflektiert und ließ die Journalistin, die für die Besonderheit der Situation überhaupt kein Gespür zu haben schien, ziemlich schlecht aussehen.

Es hilft uns allen, in Extremsituationen kühlen Kopf zu bewahren. Konrad Rösler gab jenen ein Gesicht, die in schwierigen Zeiten nicht zunehmend schriller, lauter und gewalttätiger werden, die nicht verbal aufrüsten und ihr Heil in Nervosität und Hysterie suchen. Warum er handelte, wie er handelte? Ich habe nicht mit ihm gesprochen, aber ich habe eine Vermutung. Rösler ist seinem moralischen Kompass gefolgt, der ihm erlaubte, blitzschnell richtig von falsch zu unterscheiden.

Ich bin fest davon überzeugt, dass alle oder zumindest die meisten Menschen einen solchen Kompass haben, der ihnen ein Gefühl dafür vermittelt, was gut und was schlecht ist. Das gilt auch für Menschen, die nicht nach den anerkannten moralischen Maßstäben handeln, die mobben und vergewaltigen, die stehlen, erniedrigen oder morden. Natürlich wissen solche Leute, dass sie etwas tun, was sie nicht tun sollten. Sie wissen, dass sie etwas tun, von dem sie hoffen, dass es ihnen selbst niemals widerfahren möge.

Natürlich wussten auch die Nazis, dass sie etwas taten, was moralisch verwerflich war. Das ist dokumentiert. Die Gaskammern von Auschwitz waren der Versuch, den Massenmord humaner zu gestalten, wie der Historiker Roman Töppel es formuliert. Humaner für die Täter wohlgemerkt, nicht für die Opfer. Denn die Naziführung hatte längst erkannt, dass die eigenen Leute durch die Erschießungen insbesondere von Frauen und Kindern emotional in einer Art und Weise in Mitleidenschaft gezogen wurden, die ihre Einsatzfähigkeit infrage stellte.

Das war es, das letzte Zucken der Moral in den Menschen an der Front der nationalsozialistischen Tötungsmaschinerie. Nur war es in den seltensten Fällen stark genug, um aufzubegehren. Die Menschen fühlten sich zu sehr in den Apparat eingebunden und wollten nicht diejenigen sein, die ihre Kameraden die Drecksarbeit erledigen ließen. Anstatt gemeinsam zu opponieren, schwieg und gehorchte man also gemeinsam. Unter diesen »ganz normalen Männern«, wie sie Christopher R. Browning in seinem Buch aus dem Jahr 1999 bezeichnet hatte, gab es sicherlich genügend Menschen mit Potenzial zu heldenhaftem Handeln. Aber leider keinen, der den letzten Schritt zu gehen bereit gewesen wäre.

Genau das hatte die große Hannah Arendt erkannt, als sie bereits 1964 in ihrem berühmt gewordenen Werk *Eichmann in Jerusalem. Ein Bericht über die Banalität des Bösen* schrieb, dass »viele Deutsche und viele Nazis, wahrscheinlich die meisten«, wohl die Versuchung gekannt haben, »nicht zu morden, nicht zu rauben, ihre Nachbarn nicht in den Untergang ziehen zu lassen (denn dass die Abtransportierung der Juden den Tod bedeutete, wussten sie natürlich, mögen auch viele die grauenhaften Einzelheiten nicht gekannt haben) und nicht, indem sie Vorteile davon hatten, zu Komplicen all dieser Verbrechen zu werden. Aber sie hatten, weiß Gott, gelernt, mit ihren Neigungen fertigzuwerden und der Versuchung zu widerstehen.«

Die Herausforderung besteht also nicht darin, neue Institutionen und Regeln zu schaffen, die uns anstelle der immer weniger relevanten Kirchen, Gewerkschaften oder Parteien erklären, was wir zu tun und zu lassen haben. Nein, die wahre Herausforderung besteht darin, uns der Versuchung hinzugeben, um in Arendts Worten zu sprechen, und unserer inneren Stimme (nicht dem viel beschworenen inneren Schweinehund, wohlgemerkt) zu folgen.

Kinder stark machen

Das Umfeld von Kindern spielt eine unheimlich wichtige Rolle für deren Bildungserfolg. Diese Feststellung ist unbestritten, Ausnahmen bestätigen nur die Regel. Doch Herkunft und Wertegerüst von Familie und Freundeskreis wirken weit darüber hinaus. Etwa, was die Offenheit gegenüber anderen Religionen, ethnischen Hintergründen oder sexuellen Ausrichtungen angeht.

Ich will das an ein paar Beispielen festmachen, die mir im Rahmen von Veranstaltungen zur Demokratiebildung an Schulen begegnet sind. Auf die Nennung der Schulen und der Orte verzichte ich mit Rücksicht auf die Betroffenen. Trotzdem glaube ich, dass die Beispiele gerade deshalb besonders aussagekräftig sind, weil es sich um junge Menschen handelt, deren Weltbild noch maßgeblich durch ihr engstes Umfeld bestimmt wird.

Beginnen wir mit zwei Geschichten aus der westdeutschen Provinz. Zwischen den Erlebnissen liegen weniger als 24 Stunden und gerade einmal 40 Kilometer Luftlinie. Die Gegend ist ländlich. Viele der hitzig diskutierten großstädtischen Probleme von offenen Drogenszenen über Clankriminalität bis hin zu Demonstrationen extremistischer Randgruppen wirken dort so wenig realistisch wie eine Folge *Game of Thrones*. Das lässt sich daran erkennen, dass bei Fragen nach der Bekanntheit spezifischer antidemokratischer und menschenfeindlicher Gerüchte sich deutlich weniger Hände der Schülerinnen und Schüler heben als in urbaneren Teilen des Landes.

Eines ist allerdings ganz deutlich. Die Klassen sind in den letzten Jahren auch dort bunter geworden. Es sind zwei dieser Kinder, eines aus Ägypten, eines aus Syrien, ein Mädchen und ein Junge von jeweils vielleicht 14 oder 15 Jahren, die in dieser Episode die Protagonisten sind. Dabei wird schnell deutlich, was sie bei aller scheinbaren Ähnlichkeit letztlich voneinander unterscheidet.

Beide Jugendlichen gehen auf Schulen, die sich stolz das Label *Schule gegen Rassismus – Schule mit Courage* angeheftet haben. An beiden Lehranstalten ist man sich durchaus bewusst, dass es sich dabei mehr um eine Absichtserklärung als um eine Zustandsbeschreibung handelt. Deshalb finden an beiden Schulen regelmäßig Veranstaltungen zur Demokratiebildung statt, diesmal zum Thema Antisemitismus.

Als die Schülerinnen und Schüler die Chance bekommen, Fragen zu stellen, steht der junge Deutsche mit ägyptischen Wurzeln auf und erklärt vor rund 300 Mitschülern, dass er nicht nur ablehne, dass an seiner Schule Veranstaltungen gegen Antisemitismus stattfänden. Der aus einer durchaus wohlhabenden Familie stammende junge Mann unterstellt dem Vortragenden auch, Lügen über den Nahostkonflikt zu verbreiten, und lässt erkennen, dass er das Existenzrecht Israels nicht anerkennt. Es wird schnell deutlich, dass sich da jemand bei aller Klarheit trotzdem noch zurückhält.

Letztlich bestätigt die Schulleitung diesen Eindruck. Der Schüler ist für seine radikalen, nicht mit den Werten der liberalen Demokratie vereinbaren Überzeugungen bekannt. Deshalb hatten bereits mehrere Ansprachen der Eltern stattgefunden. Nur scheinen diese eher Teil des Problems als Teil der Lösung zu sein. Der junge Mann hat sich offenbar entschieden – trotz seines Zugangs zu anderen Perspektiven als denen seiner Eltern. Er will deren Handeln nicht infrage stellen, sondern bemüht sich vielmehr, seine an ihre Weltsicht anzupassen. Seine Rebellion richtet sich nicht gegen die überkommenen Denkmuster seines familiären Umfeldes, sondern vielmehr gegen die aufklärerischen Werte der Gesellschaft, in der er und seine Familie leben. Das mag sich für ihn rebellisch anfühlen, ist letztlich aber der leichte Weg. Seinen moralischen Kompass hat er zugunsten des familiären Friedens zur Seite gelegt.

Ein Tag später, eine andere Schule, dieselbe Region. Diesmal ein Mädchen aus Syrien, erst seit drei Jahren in Deutschland. Die Lehrer werden nach der Veranstaltung erzählen, dass die junge Frau sich noch nie zuvor freiwillig in der Klasse gemeldet hat. Das glaubt man sofort. Es handelt sich um eine ausnehmend schüchterne, fast zerbrechlich wirkende Person, die zudem noch nicht perfekt Deutsch spricht. Trotzdem hebt sie gegen Ende einer Diskussion über Judenhass die Hand.

Sie habe ein Video auf dem Handy, in dem zu sehen sei, wie Juden den Koran verbrennen, erklärt sie. Es ist nichts Aggressives in ihrer Stimme, sie spricht nicht wie eine Dogmatikerin, sondern wie jemand, der nach Antworten sucht. Offensichtlich passt das, was sie auf ihrem Handy hat, nicht mit dem zusammen, was wir an diesem Tag besprochen haben. Deshalb fragt sie nach.

Am Ende der Stunde lassen wir uns das Video zeigen. Dort ist tatsächlich zu sehen, wie ein Mann einen Koran verbrennt. Die Sequenz ist mit arabischer Schrift unterlegt. Das Mädchen erklärt, dort stehe, dass es sich bei dem Mann und seinen Komplizen um Juden handele. Für ein geübtes Auge ist allerdings zu erkennen, dass diese Aussage kaum stimmen kann. Der Mann, der im Mittelpunkt des Ausschnitts steht, ist in Grün- und Brauntönen gekleidet und trägt eine Mütze, wie man sie von Wehrmachtssoldaten oder von Neonazis kennt.

Nichts an ihm oder seinem Umfeld weist auf einen Bezug zum Judentum hin. Nur die Untertitel behaupten das.

Nach einer kurzen Recherche im Internet lässt sich die Sache auflösen. Das Video zeigt tatsächlich eine Koranverbrennung, allerdings durch einen rechtsextremen norwegischen Aktivisten im November 2019. Christen und Juden auf der ganzen Welt, auch die Spitzenverbände aus Deutschland, haben gegen diese Aktion wie auch gegen die einer rechtsextremen christlichen Sekte in Florida Anfang desselben Jahres protestiert. Damit, so könnte man meinen, wäre das Problem gelöst, zumal die Schülerin offensichtlich dankbar für die Antwort und die Aufklärung ist. Sie will keine Juden hassen, das wird sehr deutlich. Doch so einfach ist es leider nicht.

Auf die Nachfrage, von wem sie das Video habe, antwortet das Mädchen, sie habe es von ihren Eltern geschickt bekommen. Nun weiß ich nicht, ob diese ihrer Tochter diese offensichtliche islamistische und antisemitische Propaganda vorsätzlich weitergeleitet haben oder ob sie selbst den Lügen auf den Leim gegangen sind. Was ich aber weiß: So oder so ist das Mädchen in einer schwierigen Situation. Denn entweder sie muss damit umgehen lernen, dass sie der Bewertung ihrer Eltern in wichtigen Fragen nicht mehr trauen kann. Oder sie muss sich umfassend von ihren Eltern emanzipieren und am Ende einen Bruch riskieren. Wer eine Familie hat, die ihm wichtig ist, weiß, dass das eine wirklich hohe Hürde ist.

Wie schwierig dieser Schritt sein kann, weiß auch Burak Yilmaz, der Kopf und Macher hinter dem Projekt *Junge Muslime in Auschwitz*. Er arbeitet mit Jugendlichen in Duisburg-Marxloh, einem Stadtteil, dessen schlechter Ruf bundesweit bekannt ist. Das erschwert die Arbeit zusätzlich. Doch nicht nur das.

Häufig müssen im Vorfeld dieser Arbeit auch Vorbehalte aus den Elternhäusern der Teilnehmer überwunden werden, in denen antisemitische Verschwörungstheorien zum guten

Ton gehören. Dazu kommt die Propaganda, die über arabische oder türkische Fernsehsender und das Internet auf die Jugendlichen einwirkt. Da steht unter Umständen bereits die Familienehre infrage, wenn man sich mit dem Leid der Juden im Dritten Reich beschäftigt.

Yilmaz weiß das. Deshalb versucht er auch nicht, über Nacht Erfolge zu erzielen, sondern langfristig zu arbeiten. »Es geht zunächst einmal um Empathie, im zweiten Schritt um Menschenrechtsbildung und erst im dritten Schritt um Zivilcourage«, erklärt er. Leider sind nicht alle jungen Menschen in der Lage, dieser belastenden Situation standzuhalten.

Erneuter Ortswechsel. Die nächste Geschichte spielt in Ostdeutschland, in einer strukturschwachen Region mit AfD-Wahlergebnissen um die 20 Prozent und einer lebendigen Neonazi-Szene. Bei der Schule handelt es sich um eine Förderschule. Wer das Wort nicht kennt: Umgangssprachlich wird diese Schulform häufig Sonderschule genannt. Sie ist nicht nur ein Sammelbecken für die Kinder, die sich von ihren Anlagen her mit dem Lernen schwertun, sondern auch für die Jungen und Mädchen, die vielleicht andere Möglichkeiten gehabt hätten, diese aber aufgrund eines problematischen Umfelds nicht nutzen können. In der Region, in der diese Schule steht, landen doppelt so viele Kinder und Jugendliche auf der Förderschule wie im Bundesdurchschnitt, insgesamt mehr als 10 Prozent.

Für jeden dieser jungen Menschen ist es also schwer, seinen Platz im gesellschaftlichen Geflecht zu finden und das zu erlangen, was in zynischem Bürokratendeutsch »Arbeitsmarktfähigkeit« heißt. Man kann sich vorstellen, dass die Empathie für (andere) Opfer von Diskriminierung und Intoleranz nicht der erste Gedanke ist, mit dem man als Förderschüler morgens aufwacht. Ganz im Gegenteil. Es läge eher die Vermutung nahe, dass Menschen in der beschriebenen Situation in besonderem Maße für Argumente empfänglich sind, mit denen andere Menschengruppen abgewertet werden. Weil sie so hoffen könnten, von einer gefühlten Aufwertung zu profitieren.

Genau darauf lassen die Auswertungen der Juniorwahlen anlässlich von Landtags- und Bundestagswahlen schließen. Diese sind in vielen Fällen so gruselig ausgefallen, dass die Schulleiter aus Angst um den Ruf ihrer Schulen und der zu erwartenden medialen Reaktion die Ergebnisse lieber unter Verschluss gehalten haben. Was sollte man also von solch einem Ort erwarten, wenn man dort mit einem Angebot zur Demokratiebildung haltmacht?

Die Antwort gibt sich scheinbar von selbst. Doch diesem Impuls nachzugeben ist zumindest falsch, wenn nicht sogar gefährlich. Denn er verleitet einen dazu, sich in Zukunft gar nicht erst zu bemühen. Damit lässt man diejenigen zurück, die sich eben nicht in einem dauerhaften Lamento eingerichtet haben, sondern auf der Suche nach dem Weg heraus aus ihrer toxischen Umgebung sind.

Es ist wie so häufig, wenn der Blick von West nach Ost geht. Man sieht die Wahlergebnisse für AfD und NPD. Man sieht Probleme in der sächsischen Polizei, die erschreckenden Zahlen ausländerfeindlicher Übergriffe, die Sympathiebekundungen für autoritäre Herrschaftsmodelle. Man zeigt mit dem Finger nach Osten und wendet sich mit Grausen ab. Doch damit macht man nicht nur die Probleme klein, die im Westen ebenfalls bestehen, wenn auch nicht im gleichen Umfang. Man dreht außerdem denjenigen den Rücken zu, die mit dem rechten Hass auf Minderheiten und die Demokratie nichts anfangen können und die auf der Suche nach Unterstützung sind. Wer nur auf das Übel starrt, übersieht die Zeichen der Hoffnung. Wie an der beschriebenen Förderschule.

Zwei der Schülerinnen war von ihren Eltern verboten worden, an der Bildungsveranstaltung (ebenfalls zum Thema Antisemitismus) teilzunehmen. Vater und Mutter sind dem rechtsextremen Milieu zuzuordnen, wie uns die Lehrer vor

Ort mitteilten. Nun handelte es sich jedoch um eine Pflichtveranstaltung. Die Eltern, die offensichtlich kein Interesse an einem Kontakt ihre Töchter mit freiheitlichem und demokratischem Gedankengut hatten, wollten die beiden krankschreiben. Nur haben sie die Rechnung offensichtlich ohne die beiden Mädchen gemacht. Diese setzten sich nicht nur über den Willen ihrer Eltern hinweg und erschienen pünktlich und interessiert zu der Veranstaltung, sondern sprachen zudem offen über die Beeinflussungsversuche aus ihrem familiären Umfeld.

Auch in diesem Fall nötigt mir das Verhalten der jungen Frauen größten Respekt ab. Es ist das eine, anders zu denken als die eigenen Eltern, aber das andere, sich offen gegen sie zu stellen. Gerade dann, wenn man aus einem autoritär denkenden Elternhaus kommt. Wer das durchzieht, muss am Ende vielleicht sogar eine der schmerzhaftesten Entscheidungen überhaupt treffen und sich vollständig vom eigenen Umfeld lossagen. Dafür braucht man viel Kraft. Und die Sicherheit, dass einen jemand auffängt. Erst dann kann man sich wirklich stark fühlen.

Unpopuläres tun

Diese Sache mit dem moralischen Kompass hört sich einfacher an, als es im Einzelfall ist. Das gilt umso mehr, wenn man sich in einem für die eigenen Überzeugungen feindlichen Gesellschaftsumfeld bewegt. Im Rückblick wirkt mancher Widerstand wie eine Selbstverständlichkeit. Doch das ist häufig eine arrogante Sicht, wenn man die jeweilige Zeit und die Umstände mitbedenkt. Nicht immer war es so bequem wie heute, für seine Meinung einzustehen.

Nehmen wir Gotthold Ephraim Lessing und dessen Ringparabel aus *Nathan der Weise*. Heute ist das Stück Allgemeingut. Doch Lessing musste zu seiner Zeit nicht nur Drohungen und den Verlust vieler Bewunderer in Kauf nehmen, sondern sogar den Entzug der damals so wertvollen Zensurfreiheit.

Oder nehmen wir General Johann Friedrich Adolf von der Marwitz, der sich 1760 dem Befehl Friedrichs des Großen verweigerte, das Schloss Hubertusburg zu plündern, und lieber seinen Abschied nahm. Er stand für seine Überzeugung ein, auf Kosten seiner Reputation. Der auf seinem Grabstein verewigte Satz: »Wählte Ungnade, wo Gehorsam nicht Ehre brachte«, steht für ein modernes Verständnis von Recht und Unrecht und hat seit 1949 faktisch Verfassungsrang.

Oder nehmen wir die Handlungen von Rosa Parks im amerikanischen Montgomery. Sie weigerte sich im Jahr 1955 nicht nur, im Bus für Weiße aufzustehen, sondern verbat sich darüber hinaus mit Nachdruck, mit dem N-Wort bezeichnet zu werden. Heute ist das für anständige Menschen eine Selbstverständlichkeit. Nur Rassisten würden das anders sehen. Aber damals riskierte Parks ihre Freiheit, ihre Gesundheit und sogar ihr Leben, weil Staat und Gesellschaft im Kern rassistisch waren. Was Parks getan hat, war unpopulär, aber notwendig.

Ich denke auch an den Holocaust-Überlebenden Fritz Bauer. Er kehrte nach dem Krieg nach Deutschland zurück und erkämpfte als Generalstaatsanwalt in Hessen wichtige Meilensteine bei der Aufarbeitung des NS-Unrechts. Heute gilt Bauer als Held, dem in den letzten Jahren gleich mehrere Kino- und Fernsehfilme gewidmet wurden. Doch damals war das Umfeld ein anderes. Es wurden Schlussstriche unter die Verbrechen des Dritten Reichs gefordert, bevor man überhaupt mit ihrer Aufarbeitung angefangen hatte. Der Jurist wurde angefeindet und bedroht. Kollegen, die teilweise bereits im Nationalsozialismus tätig gewesen waren, schnitten ihn. Als seine größte Leistung wird heute angesehen, dass Bauer mit unorthodoxen Mitteln dafür sorgte, dass Adolf Eichmann vom israelischen Mossad in Argentinien gefasst und in Israel vor Gericht gestellt werden konnte. Bauer riskierte dafür allerdings seine Stellung und sogar eine Gefängnisstrafe, wäre seine Beteiligung an dieser Aktion vor seinem Tod öffentlich geworden. Gesellschaftlich hätte das schon keinen Unterschied mehr gemacht, da war er sowieso längst als »Nestbeschmutzer« abgestempelt.

Oder nehmen wir Ernst Benda. Der spätere Bundesinnenminister und Präsident des Bundesverfassungsgerichts stellte sich 1965 offen gegen die Mehrheit seiner Fraktion, als es darum ging, die Verjährungsfrist für die Verbrechen im Dritten Reich zu verlängern. Anders als viele seiner CDU-Parteifreunde, zu denen auch der junge Abgeordnete und spätere Bundeskanzler Helmut Kohl gehörte, hatte Benda eines erkannt: Konservative durften kein Interesse daran haben, dass menschenverachtende Verbrechen durch Verjährung ungesühnt blieben. Dabei musste er gewusst haben, dass diese Entscheidung auch für einen Teil seiner Wähler und der CDU-Mitglieder negative Folgen haben konnte.

Nicht nur in anderen Zeiten, sondern auch in anderen Kulturen können Handlungen, die uns selbstverständlich oder nicht erwähnenswert vorkommen, einen heftigen Bruch mit Regeln und Normen darstellen, der nur wenigen Mutigen vorbehalten bleibt. Dabei denke ich etwa an den saudi-arabischen Blogger Raif Badawi, der sich unter anderem für Religionsfreiheit, einen liberalen Staat, Gleichberechtigung von Frauen und Chancengleichheit einsetzte. Er wurde für seine Forderungen, die in Deutschland und vielen anderen Ländern der Welt längst gesetzlich verankert sind, zu 1000 Peitschenhieben verurteilt. Das kam faktisch einer Todesstrafe auf Raten gleich. Diese wurde zwar nach internationalen Protesten ausgesetzt, doch Badawi sitzt seit dem 17. Juni 2012 unverändert in Haft. Immerhin, vergessen ist er nicht. Nicht nur seine

Frau, die inzwischen mit den gemeinsamen Kindern in Kanada lebt, setzt sich weiter weltweit für ihn ein. Auch Aktivisten halten die Erinnerung aufrecht. In Tübingen etwa versammelten sich am 18. April 2020 Menschen zur 275. Mahnwache für Raif Badawi. Das ist bemerkenswert.

Badawi ist übrigens kein naiver Trottel, der sich überschätzt hat. Ganz im Gegenteil. Der Journalist Constantin Schreiber hat Badawis Blog ausgewertet und dabei festgestellt, dass Badawi wusste, was ihm drohte. Er hätte durchaus das Land verlassen können. Doch genau das wollte er nicht. »Meine größte Befürchtung ist, dass die klugen Köpfe der arabischen Welt eines Tages alle auswandern werden, auf der Suche nach frischerer Luft, irgendwohin, weitab von den Schwertern des religiösen Autoritarismus«, hatte er formuliert.

Wie glücklich wir uns schätzen können, über solche grundsätzlichen Fragen nicht nachdenken zu müssen. Man landet auch für absurde Äußerungen nicht mehr auf dem Scheiterhaufen oder wird ausgepeitscht. Riskieren im engeren Sinne müssen die wenigsten von uns etwas. Um etwas zum Besseren zu bewegen, würde es schon reichen, an der einen oder anderen Stelle den eigenen Schweinehund zu überwinden oder sich dem Gegenwind aus dem sozialen Umfeld auszusetzen, statt sich prophylaktisch wegzuducken.

In Deutschland muss man heute nicht mehr so häufig Unpopuläres *wagen*. Es geht eher darum, Unpopuläres zu *denken* und vielleicht auch zu *tun*, um dem Auftrag aus der deutschen Geschichte tatsächlich gerecht zu werden. Was ich damit meine? In der jüngeren Vergangenheit denke ich dabei an die Entscheidungen, die rund um den Kosovo-Konflikt gefällt wurden.

Joschka Fischer kämpfte kurz nach dem Eintritt in die rotgrüne Bundesregierung im Jahr 1998 dafür, dass seine Partei eines ihrer wichtigsten Prinzipien – den Pazifismus – neu definieren sollte. Er wollte damit den Weg für eine Beteiligung an einer humanitären Intervention im Kosovo-Konflikt frei-machen. Weil er erkannt hatte, was viele seiner Parteifreundin-nen und -freunde zunächst nicht wahrhaben wollten: Die Kon-sequenz aus Auschwitz konnte nicht alleine heißen, dass von Deutschland keine Angriffskriege mehr ausgehen sollten. Viel-mehr war und ist damit der Auftrag verbunden, Völkermorde und Kriegsverbrechen in Zukunft zu verhindern, wo es mög-lich ist. Das geht leider nicht immer nur mit gutem Zureden.

Nur wenige Jahre zuvor, im Jahr 1994, hatte Deutschland gemeinsam mit der Weltgemeinschaft regungslos an der Sei-tenlinie gestanden, als in Ruanda innerhalb weniger Wochen rund 800 000 Mitglieder der Tutsi-Minderheit ermordet wor-den waren. Das sollte nicht noch einmal passieren. Dafür war Fischer sogar bereit, die gerade erst gewonnene Regierungsbe-teiligung zu riskieren.

Auch der ehemalige Ratsvorsitzende der Evangelischen Kirche in Deutschland, Wolfgang Huber, scheute sich im Jahr 2019 nicht, sowohl den Pazifisten als auch den Unterstützern von humanitären Interventionen einige Dinge ins Stamm-buch zu schreiben. Dabei war ihm klar, dass er vor allem von Ersteren heftigen Gegenwind erwarten durfte. »Der Pazifist aus Prinzip, der für sich auf jede Gewalt verzichtet, muss wis-sen, dass seine Position nicht verallgemeinert werden kann«, erklärte der mutige Kirchenmann im Gespräch mit der *Zeit*. Niemand habe das Recht, seinen eigenen Pazifismus als Argu-ment zu benutzen, um anderen Menschen den Schutz vor Ge-walt zu verweigern. Wer im Falle einer Bedrohung konsequent auf Gegenwehr verzichte, dürfe dies nur für sich selber postu-lieren. Das sind deutliche Worte in Richtung derer, die es sich bei der Frage nach Frieden und Krieg allzu einfach machen. Genauso sagte er allerdings auch: »Aber wer mit militärischen Mitteln Frieden machen will, der muss begründete Hoffnung haben, dass diese Mittel auch wirken.« Keine Seite sollte es sich zu einfach machen.

Auch von Pazifisten kann man durchaus eine gewisse Ausgewogenheit und Differenziertheit erwarten. Selbst wenn man damit in den eigenen Reihen aneckt. Das zeigt etwa das Beispiel Axel Noack. Dieser war 1989 einer derjenigen Pfarrer, die gemeinsam mit vielen DDR-Bürgern friedlich ein vor Waffen starrendes Regime in die Knie gezwungen und den Weg zur deutschen Einheit geebnet haben. Noack selbst hatte über viele Jahre hinweg Mut bewiesen, etwa als er den Wehrdienst verweigerte und deshalb nicht Mathematik studieren durfte. In der Zeit vor dem Mauerfall organisierte er in Bitterfeld-Wolfen die Friedensgebete. Angepasst oder regimetreu konnte man ihn also sicher nicht nennen.

Allerdings, und das ist besonders bemerkenswert, unterstützte er als Seelsorger auch Menschen, die als Soldaten der Nationalen Volksarmee offiziell auf der anderen Seite standen und die im schlimmsten Fall den Befehl erhalten hätten, auf ihn und seine Mitstreiterinnen und Mitstreiter zu schießen. Wie geht das?

Claudia Keller von *chrismon* gegenüber klärt er den vermeintlichen Widerspruch auf. Er sei »als Pazifist zwar gegen Kriegseinsätze«, also sicherlich kein Sympathisant der Armee. Allerdings habe er sich als Seelsorger »selbstverständlich auch um die Soldaten gekümmert«.

Immerhin, an einer Stelle ähnelten sich die Interessen der NVA-Leute und des Pfarrers. Beide Seiten hatten Angst davor, dass die Soldaten tatsächlich mit einem Schießbefehl nach Leipzig geschickt werden würden. Hätte Noack nicht seine Rolle wenigstens nutzen müssen, um auf die Soldaten einzuwirken? Hätte er nicht versuchen müssen, sie zur Fahnenflucht zu bewegen oder gar wertvolle Informationen von ihnen zu bekommen, sie also »umzudrehen«? Dafür, dass er das nicht tat, wurde er von Teilen der Opposition hart kritisiert. Doch er blieb dabei und machte damit etwas, das in seinen Kreisen unpopulär war.

Den Soldaten sagte er: »Du musst selbst herausfinden, was du für richtig hältst, und dich dann prüfen, was du davon verwirklichen kannst.« Dabei argumentierte er nicht mit Gott oder der Kirche. Er ahnte vielmehr, dass die meisten der Soldaten einen durchaus intakten moralischen Kompass hatten. Noack erhob sich nicht über sie, er maßte sich nicht an, ihnen ins Gewissen zu reden. Er legte nicht die Ansprüche, die er an sich selbst anlegt, auch an andere an. Stattdessen wählte er Nähe und Zugewandtheit als Strategie und hoffte, den Soldaten durch sein Handeln ein wenig der Stärke mitzugeben, die sie brauchen würden, um im entscheidenden Moment die richtigen Entscheidungen zu treffen.

Ins Risiko gehen

Der 16. Februar 2018 war ein Freitag. Es war der Tag, an dem Deniz Yücel, Journalist bei der *Welt*, nach 367 Tagen endlich aus türkischer Haft freikam und das Land verlassen konnte. Ich sollte an diesem Abend mit dem Harvard-Politologen Yascha Mounk über seine These vom Zerfall der westlichen Demokratie diskutieren und hatte mir eigentlich vorgenommen, den Fall Yücel dort zum Thema zu machen. War dieser nicht ein Beispiel dafür, wie schwer sich eine rechtsstaatlich organisierte Gesellschaft im Umgang mit Despoten tut, die sogar die eigenen Gesetze missachten? Was ist uns wichtiger, wenn es darauf ankommt? Die Menschenrechte oder die Handelsbilanz? Über diese Fragen wollte ich eigentlich sprechen. Doch dann wurde mir klar, dass die spannendere Frage die nach Yücels persönlichem Antrieb ist.

Als die Meldung von Yücels Freilassung über die Ticker ging, saß ich mit einem alten Bekannten an der Kieler Förde und trank einen Kaffee. »Ich habe nie verstanden, warum der

Mann trotz einer doppelten Staatsbürgerschaft als Korrespondent in der Türkei war. Dem musste doch klar sein, dass ihm im Ernstfall keiner helfen kann«, bemerkte mein Bekannter kopfschüttelnd. Zumal die Lage spätestens seit dem Fall Hasnain Kazim als gefährlich galt, der von 2013 bis 2016 als Korrespondent für den *Spiegel* am Bosporus war.

Kazim hatte das Land fast fluchtartig verlassen müssen, weil ihm ohne Begründung keine Presseakkreditierung mehr ausgestellt worden war. Bereits damals, rund ein Jahr vor seiner Festnahme, war auch Yücel zum wiederholten Mal in den Fokus der türkischen Regierung geraten. Die *Welt* hatte ihn daraufhin vorläufig aus der Türkei abgezogen. Trotzdem kehrte er, wohl auf mit Nachdruck geäußerten eigenen Wunsch, nur kurze Zeit später dorthin zurück. Aus objektiver Sicht ein verheerender Fehler. Aber würde er das selbst genauso empfinden?

Auch die Türkei hat die allgemeine Erklärung der Menschenrechte unterschrieben und räumt der Meinungs- und Pressefreiheit in ihrer eigenen Verfassung breiten Raum ein. Formal betrachtet, ist die Türkei ein Rechtsstaat. Doch am Ende zählt die Praxis, und da sieht es anders aus. Die NGO *Reporter ohne Grenzen* gibt jährlich eine 180 Länder umfassende Rangliste der Pressefreiheit heraus. Im Jahr 2018 belegte die Türkei dort einen traurigen 157. Platz – hinter Ländern wie der Demokratischen Republik Kongo, dem Königreich Swasiland und dem derzeit in der sozialistischen Anarchie versinkenden Venezuela.

Keine Frage, Deniz Yücel wusste, auf was er sich einließ, als er freiwillig in die Türkei zurückkehrte. Immerhin hatte er das Land zuvor nicht aus Spaß oder überzogener Vorsicht verlassen müssen, sondern weil er im Rahmen einer gemeinsamen Pressekonferenz von Angela Merkel und dem türkischen Premierministers Ahmet Davutoglu etwas Verrücktes getan hatte. Er hatte es nämlich tatsächlich gewagt, der deutschen

Kanzlerin in Anwesenheit eines engen Vertrauten Erdogans eine kritische Frage zur Menschenrechtssituation in der Türkei zu stellen.

Während die Kanzlerin sich in der ihr eigenen Art nicht provozieren ließ, sah das bei den türkischen Staatsmedien und der Regierung ganz anders aus. Der *Welt*-Korrespondent wurde, so muss man es wohl formulieren, mit dem Streuen von Übertreibungen und gezielten Lügen zum Abschuss freigegeben. Es entbehrte dabei nicht einer gewissen Ironie, dass Yücel, der damals wie heute von rechten Kreisen in Deutschland als »Antideutscher« angegriffen wird, in der Türkei nun als »antitürkisch« bezeichnet wurde.

Warum also war er nach diesen Vorfällen nicht dauerhaft nach Deutschland zurückgekehrt oder hatte sich an einen gemütlichen Ort mit Palmen versetzen lassen? Mir fällt auch nach langem Nachdenken nur eine Antwort ein. Aus Überzeugung. Für die Richtigkeit dieser Vermutung gibt es verschiedene Belege, insbesondere die Briefe und Interviews aus seinen verschiedenen türkischen Gefängniszellen.

Ich fand bei deren Lektüre nicht eine Stelle, an der Yücel Konzessionen machte, um seine Haftzeit zu verkürzen. Ganz im Gegenteil. Er verhöhnte die türkische Justiz, die es erst nach einem Jahr schaffte, eine ziemlich wirre Anklageschrift vorzulegen. Klar äußerte er seine Überzeugung, dass die Justiz in der Türkei von der Politik beeinflusst sei. In einem Interview mit der *Bild* formulierte er deutlich in Richtung der deutschen Bundesregierung: »Für schmutzige Deals stehe ich nicht zur Verfügung.« Nach elf Monaten Haft ohne Anklage, wohlgemerkt.

Deniz Yücel hat seine doppelte Staatsbürgerschaft, seine Prominenz und die Unterstützung, die er durch die Verhaftung in Deutschland erfuhr, in den Dienst einer größeren Sache gestellt. Was wäre dem türkischen Journalisten eines türkischen Oppositionsmediums widerfahren, der wie Yücel gehandelt hätte? Er hätte viele Jahre in Haft verbracht. Yücel hat den Hunderten, vielleicht Tausenden türkischen Kollegen, die derzeit im Gefängnis sitzen, eine Stimme gegeben und die deutsche Bundesregierung in eine Situation gebracht, in der sie das Thema Pressefreiheit nicht mehr ignorieren kann. Sein Handeln hat ihn ein Jahr seiner Lebenszeit in Freiheit gekostet – Zeit mit seiner Frau, seiner Familie, seinen Freunden. Doch damit hat er zweifellos Dinge in Bewegung gesetzt.

Er beantwortete die Frage, warum er trotz der bekannten Gefahr in die Türkei zurückgekehrt war, übrigens auch selbst in einem Gespräch mit der *Zeit*-Journalistin Emilia Smechowski: »Ich hatte dort einen Job zu erledigen.« Das klingt zunächst nach einem Spruch aus einem John-Wayne-Western. Doch da kam noch etwas. »(…) in Sonntagsreden hört man immer: Wir müssen die Freiheit und die Demokratie verteidigen. Das heißt aber auch: Manchmal bekommt man dafür auf die Fresse.«

Yücel steht mit seinem Handeln in einer Tradition von großen Journalisten, die ihre Arbeit so ernst genommen haben, dass sie vor heftigen persönlichen Konsequenzen nicht zurückschreckten. Auch Carl von Ossietzky während der Weimarer Republik und Rudolf Augstein in der jungen Bundesrepublik gingen wegen ihrer journalistischen Tätigkeit aus Überzeugung ins Gefängnis. Die sogenannte *Spiegel*-Affäre im Jahr 1962, in deren Folge Augstein für 103 Tage in Untersuchungshaft saß, ist dabei im kollektiven Gedächtnis der Bundesrepublik noch ziemlich präsent. Anders als der *Weltbühne*-Prozess, der von Ossietzky für 227 Tage ins Gefängnis brachte. Allerdings liegt man vermutlich nicht ganz falsch mit der Vermutung, dass Augsteins zäh errungener Sieg für die Pressefreiheit ohne die Erinnerungen an von Ossietzky und die *Weltbühne* möglicherweise eine Niederlage geworden wäre. Alles hängt eben mit allem zusammen.

Carl von Ossietzky war keine 50 Jahre alt, als er wegen der schweren Misshandlungen, die er während der KZ-Haft hatte erleiden müssen, am 4. Mai 1938 in Berlin starb. Aus einer Mittelschichtfamilie stammend, hatte er es in diesem halben Jahrhundert seines Lebens geschafft, den intellektuellen Diskurs in Deutschland maßgeblich mitzuprägen. Er hatte es geschafft, die Weimarer Reichsregierung und die Nationalsozialisten so gegen sich aufzubringen, dass sie ihn beide in Haft nahmen. Und er hatte es auch geschafft, im Jahr 1936 den Friedensnobelpreis verliehen zu bekommen. Zu diesem und zu seinem Status als Held der Meinungs- und Pressefreiheit hatte ein Artikel geführt, der den legendären *Weltbühne*-Prozess ausgelöst hatte. Doch nicht nur das, auch sein Verhalten in diesem Verfahren sorgte für Aufsehen.

Ossietzky war schon während des Ersten Weltkrieges wie sein Freund Kurt Tucholsky Pazifist gewesen. Ende der 1920er-Jahre schickte sich dann die Weimarer Reichsregierung an, heimlich aufzurüsten, was eindeutig gegen den Versailler Vertrag verstieß. Der Herausgeber der Berliner Wochenzeitschrift *Weltbühne* zögerte deshalb nicht lange, als der Flugzeugkonstrukteur Walter Kreiser ihm einen umfassenden Artikel zu diesem Thema anbot. Dieser erschien 1929 unter dem Titel *Windiges aus der Luftfahrt* und sorgte noch im selben Jahr für eine Anklage. Die Begründung lautete, die *Weltbühne* habe geheime Informationen öffentlich und für ausländische Regierungen zugänglich gemacht. Dadurch sah man »die Sicherheit des Reiches gefährdet«. Zum Prozess kam es erst im Jahr 1931, bereits unter dem Einfluss einer erstarkenden NSDAP.

Der Journalist wurde letztlich in einem juristisch äußert unsauber geführten Verfahren verurteilt. Die Begründung liest sich aus heutiger Sicht reichlich absurd. Sie spiegelte aber zur damaligen Zeit die nationalistisch aufgeheizte Atmosphäre wider, in der der Prozess stattfand. Staatsbürger und damit ebenso Journalisten hätten in erster Linie ihrem Land die

Treue zu halten, auch wenn dessen Regierung geltende Verträge breche, lautete der Tenor der Urteilsbegründung. Damit lässt sich letztlich jede Berichterstattung über den Rechtsbruch einer Regierung unterbinden. Investigativer Journalismus ist in einem solchen Umfeld nicht möglich.

Damals jubelten die Anhänger der kurz vor der Machtergreifung stehenden Nationalsozialisten. Mit diesem Prozess war eine eigene Rechtsordnung etabliert worden, die politische Prozesse möglich machte. Ossietzky selbst nahm den Richterspruch wahrlich heroisch hin: »Über eines möchte ich keinen Irrtum aufkommen lassen, und das betone ich für alle Freunde und Gegner und besonders für jene, die in den nächsten achtzehn Monaten mein juristisches und physisches Wohlbefinden zu betreuen haben – ich gehe nicht aus Gründen der Loyalität ins Gefängnis, sondern weil ich als Eingesperrter am unbequemsten bin.« Das erinnert mich an Deniz Yücel.

Zwar lag von Ossietzky mit seiner Hoffnung falsch, als Eingesperrter möglicherweise so unbequem zu sein, dass der öffentliche Druck zu groß werden würde. Die zahlreichen Eingaben und Proteste blieben allesamt folgenlos. Im Jahr 1936 wurde ihm sogar rückwirkend für das Jahr 1935 der Friedensnobelpreis verliehen, wofür sich unter anderem ein nach Norwegen emigrierter junger Deutscher namens Willy Brandt eingesetzt hatte. Doch auch das konnte weder Ossietzky noch die demokratische Ordnung schützen. Ossietzkys Freund Kurt Tucholsky nannte ihn gar einen »Märtyrer ohne Wirkung«. Trotzdem war die Zeit im Gefängnis alles andere als vergeblich, wenngleich weder er noch Tucholsky davon etwas mitbekommen sollten. Denn es dauerte tatsächlich Jahrzehnte, bis sich die Wirkung des *Weltbühne*-Prozesses zeigte.

Im bundesdeutschen Strafgesetzbuch gibt es eine Definition von Staatsgeheimnissen, die man durchaus als »Lex Ossietzky« verstehen kann. Dort wird ein Handeln wie das des Nobelpreisträgers explizit straffrei gestellt. Zum Tragen kam diese neue Regelung, als der damalige Bundesverteidigungsminister Franz Josef Strauß im Jahr 1962 im Rahmen der *Spiegel*-Affäre in Verdacht geriet, vorher über die Durchsuchung der Geschäftsräume des *Spiegel* informiert gewesen zu sein. Damals schlossen sich – im Gegensatz zum Fall Ossietzky – die Reihen von Politik und Justiz nicht. Vielmehr kam es zu einer nicht zu überhörenden zivilgesellschaftlichen Empörung und dem Rücktritt aller FDP-Minister aus Protest gegen das Gebaren des Verteidigungsministers. Das wiederum führte dazu, dass Franz Josef Strauß seinen Hut nehmen musste und auch das Ende von Konrad Adenauers Kanzlerschaft eingeleitet wurde. Er hatte Strauß zu lange gestützt, um schadlos aus der Affäre herauszukommen.

Es dauerte allerdings noch einige Monate, bis mit Rudolf Augstein auch der letzte *Spiegel*-Journalist aus der Untersuchungshaft entlassen wurde. Mit Blick auf eine drohende Hauptverhandlung erschien – natürlich im *Spiegel* – ein Artikel des BGH-Senatspräsidenten Jagusch mit dem vielsagenden Titel *Droht ein neuer Ossietzky-Fall?* Damit war der Bezug zum *Weltbühne*-Prozess endgültig hergestellt.

Letztlich hat der öffentliche Druck vermutlich einen Teil dazu beigetragen, dass es gar nicht erst zu einer Hauptverhandlung kam. Der Bundesgerichtshof fand im Jahr 1965 keinerlei Anzeichen für einen wissentlichen Verrat von Landesgeheimnissen. Der *Weltbühne*-Prozess hatte wohl allen Beteiligten noch klar vor Augen gestanden, zumindest außerhalb der Regierungskreise. Rudolf Augstein ging also als klarer Gewinner aus dieser Auseinandersetzung hervor und mit ihm das Grundrecht auf Meinungs- und Pressefreiheit. 103 Tage in einem Gefängnis dürfte er dafür als vergleichsweise günstigen Preis empfunden haben.

Die Erinnerung an die *Spiegel*-Affäre wiederum ließ im Frühjahr 2015 alle Alarmglocken bei Journalisten und Bürgerrechtlern schrillen. Damals eröffnete der Generalbundesanwalt ein Verfahren gegen die Macher des Politik-Blogs netzpolitik.org. Der Aufschrei war riesig, es kam zu einem bundesweiten Protest unter Beteiligung vieler Politiker aus verschiedenen Parteien – und zu einer Einstellung des Verfahrens nach drei Monaten. In Deutschland, so scheint es, ist ein zweiter *Weltbühne*-Prozess heute nicht mehr möglich. Das ist das Ergebnis einer langjährigen Entwicklung, für die viele Menschen gekämpft und persönliche Opfer gebracht haben und für die sie Risiken eingegangen sind.

An vielen anderen Orten der Welt jedoch riskieren Journalisten jeden Tag aufs Neue Kopf und Kragen dafür, dass wir die Chance haben, einen klaren Blick auf die Dinge zu bekommen. Sie versuchen, Bürgerkriege zu entwirren, schauen hinter die Kulissen von korrupten Systemen und decken Menschenrechtsverletzungen auf. Sie werden bedroht und getötet. Sie verschwinden, weil sie sich nicht den Mund verbieten lassen. Seit 2014 gab es laut *Reporter ohne Grenzen* kein Jahr mehr, in dem nicht mindestens 50 Journalisten weltweit ihr Leben lassen mussten. Auch mitten in Europa. 2018 starben Ján Kuciak in der Slowakei und Viktoria Marieva in Bulgarien. 2017 Kim Wall in Dänemark und Daphne Caruana Galizia auf Malta. 2015 kamen acht Zeitungsmacher beim Anschlag auf *Charlie Hebdo* in Frankreich ums Leben. Das sind allesamt Fälle aus Ländern, die Mitglieder der Europäischen Union sind.

In Russland, der Ukraine und der Türkei, also direkt vor unserer Haustür, gehörte die Lebensgefahr in den letzten Jahren zum täglichen Geschäft. In den USA kamen 2018 bei einem Anschlag auf den Zeitungsverlag *Capital Gazette* gleich vier Menschen ums Leben. Von den Hunderten Journalisten ganz zu schweigen, die überall auf der Welt im Gefängnis sitzen.

Diese Journalistinnen und Journalisten sind es, die den Menschen dort, wo die Wahrheit kaum noch durchdringt, mit ihren Artikeln, Fotos und Videos die Chance auf ein wenig frischen Wind bieten. Sie kämpfen dafür, der Idee der Menschenrechte dort Geltung zu verschaffen, wo sie in Vergessenheit zu geraten droht. Jede und jeder dieser Journalisten ist für mich ein Held oder eine Heldin. Das gilt selbstverständlich auch für die deutschen Journalistinnen und Journalisten, die in der Vergangenheit in Deutschland oder heute anderswo auf der Welt Kopf und Kragen riskieren, wo die Mächtigen sich nicht an Recht und Gesetz halten. Für mich sind Carl von Ossietzky, Rudolf Augstein und Deniz Yücel Helden. Helden, an denen wir uns orientieren können.

Für die Würde der anderen kämpfen

Die Würde des Menschen ist unantastbar.« Ich wiederhole mich gerne: Was für ein wunderbarer Satz! Aber was sagt er eigentlich mit Blick auf unser tägliches Leben aus? Eine Idee davon gibt der erste Entwurf des Grundgesetzes, der das Ergebnis des Herrenchiemseer Konvents im August 1948 war. Dort hieß es in Artikel I noch: »Der Staat ist um des Menschen willen da, nicht der Mensch um des Staates willen.«

Beide Sätze – der aus dem Entwurf und der aus dem Grundgesetz – meinen letztlich das Gleiche. Die Bürger sind nicht mehr Untertanen der Obrigkeit, sondern diese ist den Menschen verpflichtet. Das beschränkt die Macht von Politik und Verwaltung in einer vorher nie da gewesenen Art und Weise.

Christian Thomasius, geboren 1655, war Jurist und Philosoph – und er hätte sich sicher gewünscht, in so einer Welt leben zu dürfen. Das war ihm zwar nicht vergönnt, allerdings ließ er sich deshalb nicht von seinem Engagement abhalten. Sein Status heutzutage lautet »weitgehend vergessen«. Wer weiß, vielleicht lässt sich das bis zu seinem 300. Todestag im Jahr 2028 ändern?

Zu seinen Lebzeiten am Ende des 17. und zu Beginn des 18. Jahrhunderts war Thomasius noch weithin bekannt, aber nicht unbedingt immer gut gelitten. 1687 nutzte er den Reformationstag, um am Tor der Leipziger Universitätskirche eine deutschsprachige Vorlesung anzukündigen. Was aus heutiger Sicht banal klingt, war zur damaligen Zeit ein Affront gegen beide Teilhaber der Macht, nämlich gegen die lutherische Kirche und den Adel. Atheismus und Hochverrat standen eine Weile im Raum. Doch Thomasius hielt auch nach diesem Sturm, der ihn fast seine Existenz gekostet hatte, nicht die Füße still und musste später das kursächsisch regierte Leipzig in Richtung des kurbrandenburgisch regierten Halle verlassen.

Auch dort schaffte er es, die Lutheraner und Kollegen an der Universität mit damals subversiven, heute dafür umso selbstverständlicheren Positionen gegen sich aufzubringen. In seiner Schrift *De crimine magiae* aus dem Jahr 1701 forderte er die Abschaffung aller Hexenprozesse, unter seinem Klarnamen und stichhaltig begründet. Kirchenleute fanden das ebenso wenig witzig wie mancher Kollege, der an derselben Universität sein Leben lang mit der wissenschaftlichen Erforschung der Hexerei beschäftigt gewesen war. Aber deren Position war zu diesem Zeitpunkt bereits geschwächt, weshalb der revolutionäre Jurist und Philosoph dem Scheiterhaufen entging, der ihm wenige Jahre zuvor sicher gewesen wäre.

Es dauerte dann noch eine ganze Zeit lang, bis Friedrich der Große Thomasius' Überzeugungen in weiten Teilen zum Gesetz machte. Zu lange für Thomasius selbst, der 1728 starb und die Vollendung seines Lebenswerkes nicht mehr erlebte. Aber er wäre sicher stolz und glücklich gewesen, hätte er geahnt, in welche Richtung sich die Dinge entwickeln würden.

Zu Thomasius' Wegbereitern gehörte Friedrich Spee, auch als Friedrich Spee von Langenfeld oder fälschlicherweise als Friedrich von Spee bekannt. Thomasius hatte sich von seinem Hauptwerk *Cautio Criminalis* aus dem Jahr 1632 inspirieren lassen. Wenig überraschend teilten die beiden Männer nicht nur den Denkansatz, sondern auch die Reaktion der damaligen Herrscher auf ihre Gedanken.

Spee entging allerdings dem Scheiterhaufen noch knapper, denn er lebte in noch deutlich dunkleren Zeiten. Das lässt sich zum einen daran erkennen, dass der Jesuit unter Pseudonym veröffentlichen musste. Zum anderen wurde seine eigene Tante Anna Spee von Langenfeld im Jahr vor dem Erscheinen der *Cautio Criminalis* verbrannt. Die »Hexenkönigin von Bruchhausen«, wie sie damals genannt wurde, teilte dieses Schicksal nach wochenlanger Folter mit mindestens zwanzig Menschen, 18 davon Frauen.

Der Einsatz von Spee und Thomasius war alles andere als ungefährlich. Umso bemerkenswerter ist es, dass sie nicht für sich selbst kämpften, sondern für andere Menschen, deren Stimme nicht im selben Maße Gehör fand und die im Zweifel mit viel größeren Konsequenzen zu rechnen hatten. Thomasius und Spee nahmen als privilegierte Männer ihrer Zeit Risiken für Ruf, Leib und Leben in Kauf, um sich gegen die Hexenprozesse zu wenden, die vor allem Frauen betrafen.

Uns stellen sie mit ihrem Handeln die Aufgabe, auch dann tätig zu werden, wenn wir von Ungerechtigkeiten oder Angriffen nicht selbst betroffen sind.

Netzwerke schaffen und nutzen

Ein jüdisches Sprichwort lautet: »Leicht ist man entschlossen, findet man Genossen. Erst auf sich gestellt, zeiget sich der Held.« Keine Frage, Helden müssen aus der Masse herausragen. Eingebunden in eine Gruppe können sie allerdings durchaus sein – vielleicht müssen sie das sogar. Kaum ein echter Held war alleine tätig. Die meisten setzten auf Ehepartner und

Familienmitglieder, Kollegen oder Freunde, die ihnen zur Seite standen und ebenfalls viel riskierten.

Was wären die Geschwister Scholl ohne die Menschen gewesen, die sich an ihre Seite gestellt hatten, obwohl sie sich der Konsequenzen bewusst waren? Christoph Probst etwa, der als Einziger der Mitglieder der Weißen Rose eine Familie hatte und trotzdem mithalf. Was wäre aus den Organisatoren der Proteste von 1989 in der DDR geworden, hätten sich nicht viele, viele Menschen friedlich an ihre Seite gestellt?

Der einsame Held ist Stoff für Hollywoodfilme, aber in der Realität bleibt er zumeist erfolglos. Nun ist das mit den Gruppen allerdings auch ein zweischneidiges Schwert. Die Erkenntnis, dass wir Menschen besonders als Teil von Gruppen dazu tendieren, irrationalen Einschätzungen zu erliegen, ist nicht mehr ganz jung. Bereits im Jahr 1975 führten Forscher in Stanford eine Studie durch, deren Ergebnisse zumindest auf den ersten Blick gehörige Zweifel an der Theorie vom Menschen als vernunftbegabtem Wesen schürten.

In dem Experiment wurden einer Gruppe von Studierenden jeweils zwei Abschiedsbriefe von Selbstmördern vorgelegt. Einer davon war echt, der andere war von einer beliebigen Person geschrieben worden, die sich nicht das Leben genommen hatte. Die Studenten hatten nun die Aufgabe herauszufinden, welcher Abschiedsbrief echt war. Diese Aufgabe gelang einigen der Studentinnen und Studenten überraschend gut, sie lagen in fast allen Fällen richtig. Andere wiederum lagen öfter falsch als richtig und erreichten damit nicht einmal den Mittelwert einer Zufallsauswahl.

Die Studenten wussten allerdings nicht, dass man ihnen nicht die Wahrheit gesagt hatte. Die ihnen vorgelegten Abschiedsbriefe hatten zwar tatsächlich paritätisch aus echten und erfundenen Exemplaren bestanden. Die ihnen verkündeten Zahlen hatten allerdings nichts mit ihrem tatsächlichen Abschneiden zu tun. Ein Teil der Studierenden dachte, er habe deutlich besser abgeschnitten, als es tatsächlich der Fall war. Für den anderen Teil galt das genaue Gegenteil. Beide Gruppen hatten im Schnitt genau gleich gut abgeschnitten.

Im nächsten Schritt wurde dieser Teil der Falschinformation aufgelöst. Nun wurden die Teilnehmerinnen und Teilnehmer gebeten zu schätzen, in wie vielen Fällen sie tatsächlich richtiggelegen hatten. Man könnte annehmen, dass Menschen, die gerade darüber aufgeklärt worden sind, dass man sie zuvor getäuscht hatte, die falschen Zahlen nicht mehr mit in ihre weiteren Überlegungen mit einbeziehen würden. Warum sollten sie auch?

Die Ergebnisse des Stanford-Experiments sprechen aber eine andere Sprache. Diejenigen, denen zuvor mitgeteilt worden war, dass sie besonders gut abgeschnitten hatten, schätzten ihr tatsächliches Abschneiden deutlich besser ein als diejenigen, denen man zuvor mitgeteilt hatte, sie hätten besonders häufig danebengelegen. Rational begründbar war beides nicht.

Die Forscher folgerten daher, dass Überzeugungen und Selbstwahrnehmungen, die sich einmal gebildet haben, eine bemerkenswerte Lebensdauer besitzen. Und zwar selbst dann, wenn die Annahmen, die diesem Bild zugrunde liegen, zum Einsturz gebracht werden. Das ist eine beunruhigende Erkenntnis, die fast zwangsläufig die Frage aufwirft, ob man uns wirklich alles verkaufen kann. Wie begabt zur Vernunft sind wir wirklich?

Über die Antwort auf diese Frage zermartern sich Forscherinnen und Forscher seit Jahrzehnten die Köpfe. Der spannendste Erklärungsansatz für das beschriebene Phänomen stammt von Hugo Mercier und Dan Sperber, den sie in ihrem Buch *The Enigma of Reason* erläutern. Der Grund für das beobachtete Verhalten liege, davon sind die beiden Forscher überzeugt, in der menschlichen Fokussierung auf Kooperation. Der Mensch unterscheide sich von anderen Spezies insbesondere durch die Fähigkeit, mit anderen zusammenzuarbeiten. Nur so seien wir in der Lage, viele komplexe Herausforderungen zu meistern. Nun sei Kooperation zu erreichen und zu bewahren alles andere als einfach – und das Beharren auf purer Rationalität zum Erreichen dieses Ziels nicht unbedingt hilfreich. Jeder, der schon einmal eine Beziehung geführt oder sich mit seinen Eltern gestritten hat, dürfte diese Beobachtung teilen. Genau deshalb sei es für Menschen in erster Linie vernünftig, ihre Fähigkeiten zur Zusammenarbeit zum Lösen realer Probleme zu nutzen und nicht zum Lösen abstrakter Logikprobleme.

Vernunft als Begriff, wie ihn Mercier und Sperber verstehen, ist nicht unbedingt das, was wir als Rationalität kennen. Vernunft meint hier eher die Fähigkeit zum Netzwerken. Es ist also wichtiger, Teil einer Gruppe zu sein, als alleine recht zu haben.

Der Psychiater und Psychoanalytiker Otto F. Kernberg, Jahrgang 1928, bestätigt diese Erkenntnis in einem Gespräch mit der österreichischen Monatsschrift *Addendum* im Jahr 2019. Allerdings beschreibt er die negativen Auswirkungen eines solchen Verhaltens noch drastischer. Eine zu intensive Identifikation mit einer sozialen Gruppe geschehe nämlich »hauptsächlich unter dem Einfluss von negativen Erfahrungen und des persönlichen Gefühls, dass man unfähig ist, eine schlechte Realität zu verändern«. Diese »persönliche Impotenz« bringe Menschen dazu, sich Gruppen anzuschließen, die unter ähnlichen Umständen leiden. »Dabei bilden sich sogenannte Großgruppenaggressionen, das persönliche Denken wird von den Gedanken und Gefühlen der ganzen Großgruppe beeinflusst«, führt Kernberg aus.

Je größer die Gruppe, je intensiver und intelligenter die Indoktrination, desto gefährlicher die Ergebnisse, weiß der Psychoanalytiker Kernberg. Man werde nachgewiesenermaßen weniger intelligent, wenn man sich vollkommen mit einer Gruppe identifiziere. »Es gibt einem zwar einerseits das Gefühl von Macht und Zusammengehörigkeit, reduziert aber andererseits die eigene Fähigkeit, Entscheidungen zu treffen, und reduziert in diesem Sinne den freien Willen«, beschreibt der Österreicher, was auch schon der Psychoanalytiker Sigmund Freud beobachtet hat. Kadavergehorsam und unreflektierter Gleichschritt machen also dumm. Wenn diese Dinge wieder häufiger zu beobachten sind, ist das ein Alarmsignal.

Beispiele, an denen man diese Form der negativen Gruppendynamik beobachten kann, gibt es viele. Bei Parteien oder radikalen Aktivisten beispielsweise. In der Wissenschaft kursiert als Beschreibung für Gruppierungen wie AfD und Pegida inzwischen der Begriff »Schmähgemeinschaft«, der das Phänomen recht prägnant auf den Punkt bringt. Doch müssen diese Beobachtungen auch in Zukunft zutreffen? Ist das alles in Stein gemeißelt, oder gibt es Wege heraus aus diesem Dilemma?

Die Autorin Jagoda Marinić geht auf diese Frage in ihrem Buch *Sheroes* ein, und zwar mit Blick auf den Feminismus. Auch dort sorgt zu häufig die selbst gewählte Abschottung dafür, dass nichts vorangeht. Marinićs Forderung lautet daher: Wer heute als Frau emanzipatorische Positionen durchsetzen will, muss auf Männer als Verbündete setzen. Denn Feministinnen, die »in Männern das alte Patriarchat bekämpfen«, blieben in ihrer Gruppe und damit »in alten Frauenrollen« stecken. Wer nur so handelt, dass er oder sie in seiner eigenen Gruppe anschlussfähig ist, wird auch nur in dieser Gruppe Relevanz entfalten und in der Welt draußen wenig bewegen. Das gilt für Frauen und für Männer gleichermaßen, die sich aufeinander zubewegen und aufeinander eingehen sollten. »Wer sich verändern möchte, muss diese Veränderung auch den anderen gestatten«, schreibt Marinić außerdem. Das mag die eigene Gruppe zunächst irritieren, bietet aber Möglichkeiten für wunderbare neue Allianzen.

Je mehr Menschen gemeinsam losmarschieren, um etwas

zu ändern, desto wahrscheinlicher ist der Erfolg. Das Problem mit den Gruppen ist zwar, dass sie einen auf die falsche Fährte führen können. Gleichzeitig braucht man sie aber, um einer richtigen Fährte zu folgen. Denn nichts ist mächtiger bei der Durchsetzung von guten Ideen als kleine, verschworene Gruppen, die auf ihrem Weg andere Gruppen mitziehen. Es geht, wie so oft, also nicht so richtig miteinander, aber auf gar keinen Fall ohneeinander.

Gut machen statt gut meinen

Natürlich ist es eine Abwägungsfrage, was man seinen Kindern mit auf den Weg gibt und wie man deren weiteren Lebensweg damit beeinflusst. Die Autorin Renate Welsh etwa, Jahrgang 1937, schilderte in ihrem Buch *Kieselsteine* eine Szene, in der sie als Kind ein Spottlied auf Hitler sang. Ihre Großmutter, mit der sie unterwegs war, reagierte darauf ungehalten. Für Welsh als Kind war diese Reaktion nicht zu verstehen, hatte sie doch dieses Liedchen bei ihrem Vater aufgeschnappt. Warum sollte für sie falsch sein, was ihr eigener Vater offenbar für richtig erachtete? Das Leben mit seinen Fallstricken sieht aus der Perspektive eines Kindes zwangsläufig anders aus als aus der eines Erwachsenen.

Aus dem heutigen Blickwinkel mag es positiv erscheinen, wenn man belegen kann, dass die eigenen Vorfahren damals nicht mitgemacht, sondern, ganz im Gegenteil, sogar Schmähgesänge auf Hitler angestimmt haben. Doch war Welshs Vater nicht auf halber Strecke stehen geblieben und hatte damit seine Familie in Gefahr gebracht, ohne im Gegenzug wenigstens etwas bewegen zu können? Die Nazis waren für Sippenhaft bekannt. Hätte die kleine Renate das Lied nicht an der Hand ihrer Oma, sondern in der Schule angestimmt, hätte die erwachsene Renate vermutlich nicht mehr von diesem Vorfall berichten können.

Totalitäre Regime wissen genau, dass die Kinder der Schwachpunkt jeder Familie sind. Das gilt im doppelten Sinne. Einerseits bekommt man jeden harten Mann zum Reden, wenn man ihm androht, seinen Kindern etwas anzutun. Andererseits ist die Volksweisheit *Kindermund tut Wahrheit kund* auch Geheimdienstlern oder Gesinnungspolizisten ein Begriff. Man stelle sich vor, was es in der Seele der kleinen Renate angerichtet hätte, wäre ihr Vater wegen ihres Liedchens abgeholt worden. Sie hätte den Rest des Lebens damit umgehen müssen, dass sie ihren Vater ans Messer geliefert hat. Nicht etwa aus bösem Willen, sondern weil sie ihm vertraute und nicht hinterfragte, was er tat. Weil für sie als Kind alles richtig war, was ihr Vater machte. Väter und Mütter sind nun einmal die ersten Helden und Heldinnen ihrer Kinder, ohne viel dafür tun zu müssen.

Die Nazizeit muss man auch als Zeit verstehen, in der fundamentale Regeln des Zusammenlebens nicht mehr galten. In einer solchen Zeit ist es fast unmöglich, Kindern wichtige Fragen so zu beantworten, dass sie die Antworten auch verstehen. Weil man im Rahmen der Erklärung wiederum Dinge sagen müsste, die öffentlich zu äußern gefährlich für die Familie wäre.

Wer sich im Widerstand engagiert, sollte schweigen können. Wer mit dem Widerstand nur sympathisiert, noch viel mehr. Denn während der Widerstandskämpfer sich und seine Familie für eine gute Sache in Gefahr bringt, tut es der Westentaschenwiderständler ohne Sinn und Verstand.

Was lehrt uns diese Geschichte für unsere heutige Zeit? Außer natürlich, dass wir nie wieder solche Verhältnisse haben wollen. Es kommt nicht nur darauf an, dass man das Herz am rechten Fleck hat, sondern auch, was man damit macht. Es geht um den Unterschied zwischen gut gemeint und gut gemacht, wenn man so will. Dabei hilft es, sich in das Gegenüber hineinzuversetzen und nicht alle Einschätzungen nur auf Basis der eigenen Werte und Überzeugungen zu treffen.

Malcolm Gladwell beschreibt in seinem Buch *Talking to Strangers,* warum es aus seiner Sicht ein Fehler war, dass Neville Chamberlain im Jahr 1938 Adolf Hitler um ein persönliches Treffen gebeten hatte. Chamberlain wäre derjenige gewesen, der den Lauf der Dinge hätte ändern können, durch den ab 1939 ganz Europa ins Verderben gestürzt wurde. Doch er hatte, wie Gladwell beschreibt, neben anderen, weniger ins Gewicht fallenden Fehlern einen tatsächlich unverzeihlichen Fehler gemacht. Neville Chamberlain folgte nach einem einstündigen Treffen mit Hitler, bei dem ihm dieser vergleichsweise moderat entgegengetreten war, seinem Bauchgefühl. Was in anderen Fällen durchaus richtig sein kann, war in diesem Fall fahrlässig. Denn Hitler hatte bereits in *Mein Kampf* und in seinen Reden zwischen 1918 und 1938 seine Absichten fast vollständig offengelegt. Chamberlains Bauchgefühl stand also gegen die Fakten – und setzte sich trotzdem durch.

Auch heute erleben wir unkluges Handeln, das auf Fehleinschätzungen der Situation basiert. Das gilt auf der einen Seite für diejenigen CDU-Politiker aus der zweiten und dritten Reihe, die Koalitionen mit der AfD ins Spiel bringen, weil sie nicht verstanden haben, dass sie sich dadurch den Feind ins eigene Bett holen würden. Auf der anderen Seite gilt es auch für Aktivisten, die glauben, mit Gewalt und Gewaltandrohung den Faschismus aufhalten zu können.

Bret Stephens, Kolumnist der *New York Times,* hat insbesondere die Denkfehler von Links in einem Gastbeitrag für die *Zeit* auf den Punkt gebracht. »Überhaupt geben sich viele von Trumps entschiedensten Gegnern in Politik und Medien ebenso wütend und hochfahrend wie er und ebenso intolerant gegenüber jeder Form von Widerspruch«, stellt er fest. Das sei aber ein Fehler. »Die angemessene Antwort auf Trumps rechten Illiberalismus ist nicht eine Politik des linken Illiberalismus. Es muss eine Politik sein im Geist der Offenheit, der Mäßigung und des moralischen Respekts gegenüber jedermann, auch gegenüber Menschen mit einem anderen Standpunkt«, schreibt Stephens. Das mag zwar der anstrengendere Weg sein, sorgt aber wenigstens nicht dafür, dass am Ende genau derjenige gewinnt, den man eigentlich bekämpfen will. Das Spiel der Populisten beherrscht keiner so gut wie die Populisten selbst, da darf man sich nichts vormachen.

Eines meiner absoluten Lieblingsbeispiele für gleichermaßen kluges wie mutiges Engagement ist das lose Netzwerk der Omas gegen Rechts. Als ich das erste Mal Schilder dieser Bewegung auf Demos und in den sozialen Medien sah, hielt ich das für einen gelungenen Scherz. So wie man auf Demos häufig Plakate sieht, die gleichermaßen Statement wie Gag sind. Einige Zeit später waren mir bereits an verschiedenen Orten in Deutschland Vertreterinnen dieser Oma-Gruppe begegnet und hatten mir von ihren Aktionen erzählt. Irgendwann wurde mir klar, dass sie das ernst meinen. Und vor allem machen sie das klug.

Nun könnte man natürlich sagen, dass die auch wieder nur dagegen sind, was ja schon der Name sagt. Das ist aber nur die halbe Wahrheit, wenn man sich die Grundsatzerklärung der Bewegung anschaut. Denn gegen Rechts heißt eben auch: »Wir setzen uns ein für eine demokratische, rechtsstaatlich organisierte, freie Gesellschaft.« Vor allem aber mobilisieren und organisieren sie eine gesellschaftliche Gruppe, die vorher kaum öffentlich wahrgenommen wurde. »Wir haben keine kleinen Kinder (mehr), wir müssen nicht mehr hart in Jobs arbeiten, wir haben mehr Zeit, uns politisch zu engagieren, und gerade jetzt scheint es notwendig zu sein, einen Beitrag zu leisten«, heißt es am Ende der Grundsatzerklärung. Natürlich kann man das in Teilen auch als Problembeschreibung lesen, denn was ist mit denen, die Kinder haben und hart arbeiten? Wann und wie sollen die sich engagieren? Allerdings ist es allemal besser, wenn sich die engagieren, die es können, als wenn keiner etwas unternimmt.

Dabei erweitern die Omas nicht nur statistisch das Spektrum der Verteidiger der freien und offenen Gesellschaft, sie verändern auch die Statik auf der Straße. Eine Oma erzählte mir, wie sie zusammen mit einer Freundin spontan und mit selbst entworfenen und kopierten Zetteln am Tag vor der Thüringen-Wahl nach Erfurt aufgebrochen ist, um dort Flagge zu zeigen. Auf den Flugblättern warben die beiden dafür, doch bitte demokratisch zu wählen. Zwei ältere Damen. Ganz allein vor dem Erfurter Rathaus. »Es war niemand unfreundlich zu uns«, berichtete sie danach, durchaus um das Wahlergebnis wissend. »Eine alte Frau zu beschimpfen, das scheint dann doch eine Grenze, über die nur sehr wenige gehen.«

Dieses Wissen machen sich die Omas auch bei Demonstrationen zunutze. Sie begeben sich genau dorthin, wo die Gefahr besteht, dass es zwischen Demonstranten, Gegendemonstranten und der Polizei krachen könnte. So klar ihre Botschaft inhaltlich ist, so klar ist sie auch in der Form. Keine Gewalt. Wenn die Omas dabei sind, klappt das auch meistens. »Selbst potenzielle Flaschen- und Steinewerfer haben eine Oma, vor der sie Respekt haben. Das hilft uns«, freut sich eine der aktiven älteren Damen. »Wer eine von uns angreift, und sei es nur, weil die zwischen den Fronten stehen, bekommt am Ende Ärger mit den eigenen Leuten.«

Es ist die Mischung aus klug und wehrhaft, die der Schlüssel zum Erfolg ist. Kampfeswille allein provoziert Fehler, Nachdenken allein entfaltet keine Wirkung. Das wissen die Omas, denn sie bringen natürlich eine Menge Lebenserfahrung mit. Doch es sagt ja keiner, dass man sich bei ihnen nichts abgucken darf.

Kompromisse verteidigen

Als die Schriftstellerin Juli Zeh im November 2019 den Heinrich-Böll-Preis der Stadt Köln entgegennahm, hatte sie den Anwesenden etwas mitgebracht, an dem diese über den Abend hinaus zu knabbern haben sollten. Böll war immer ein Schriftsteller gewesen, der nicht nur gesellschaftskritisch geschrieben, sondern sich auch über seine Profession hinaus engagiert hatte. In genau diese Fußstapfen wollte Juli Zeh offenbar treten.

Nun ist die Schriftstellerin schon länger ein Beispiel für jüngere Literaturschaffende, die sich politisch äußern, einmischen und engagieren. Doch sind es nicht immer wieder dieselben Namen im deutschsprachigen Raum, von denen man etwas hört? Neben Juli Zeh sind das etwa Eva Menasse und Ilija Trojanov, Nora Bossong und Saša Stanišić. Sie alle haben ein Gespür für Themen, über die gesprochen werden muss, und sind in der Lage, mit manchen ihrer Werke den öffentlichen Diskurs anzuschieben. Aber müsste die Reihe der Namen nicht viel länger sein?

Der französische Philosoph Michel Foucault hatte auf die Frage, warum er so an Politik interessiert sei, fast schon mit Empörung reagiert: »Am liebsten würde ich mit einer Gegenfrage antworten: Warum sollte ich nicht? Mit welcher Blindheit, welcher Taubheit, welcher engstirnigen Ideologie müsste ich geschlagen sein, um mich vom Interesse für das alles entscheidende Thema unserer Existenz abzuhalten?« Man fragt sich, was in den letzten Jahrzehnten passiert ist, dass diese Selbstverständlichkeit nicht nur unter Intellektuellen verloren gegangen ist.

Juli Zeh macht sich auf die Suche nach einer Antwort und beginnt mit einer Beobachtung, der ich mich mit voller Überzeugung anschließe. Es sei eine Schande, dass es unter »Nachwuchsschriftstellern und anderen Intellektuellen« über die

Jahre zu einer zunehmenden »De-Politisierung« gekommen sei, und zwar »mit der Dynamik einer Kernschmelze«, wie es die Autorin in ihrer Dankesrede formulierte. Sie sehe darin »eine überhebliche Abwendung des Individuums von der Gemeinschaft«.

Die nicht zum ersten Mal ausgezeichnete Literatin sprach zwar explizit von ihren Schriftstellerkolleginnen und -kollegen. Als ich die schriftliche Fassung ihrer Dankesrede las, hatte ich jedoch das Gefühl, dass sie ein weit über diesen kleinen Kreis hinausgehendes Phänomen beschreibt. Diese Rede muss eigentlich als Appell an uns alle verstanden werden.

Die Behauptungen, alle etablierten Parteien würden faktisch für dasselbe stehen, die Unterschiede hätten sich aufgelöst und, das darf natürlich nicht fehlen, alle Politiker wirtschafteten sowieso nur in die eigene Tasche, sind inzwischen so weit verbreitet, dass sie kaum mehr auf Widerspruch treffen. Interessant daran ist allerdings, dass ich auf Nachfrage noch nie – wirklich nie! – von jemandem eine fundierte Begründung dieser Einschätzung bekommen habe.

Nehmen wir ein beliebiges Politikfeld. Außen- und Sicherheitspolitik zum Beispiel. Wer wollte ernsthaft behaupten, dass die CDU und die Linkspartei auch nur ansatzweise kompatible Positionen zu Auslandseinsätzen der Bundeswehr oder der NATO vertreten würden? Oder das Thema Wohnraum. Während in Berlin eine rot-rot-grüne Regierung eine Mietpreisbremse verhängt, setzen Regierungen mit CDU-, CSU- oder FDP-Beteiligung auf mehr Neubauten. Nächstes Thema: Steuern. Flat-Tax-Modell und Steuersenkungen oder die Einführung einer Vermögens- und einer Finanztransaktionssteuer bei gleichzeitig höheren Steuersätzen für Gut- und Topverdiener? Spätestens da werden die Unterschiede zwischen den Parteien auch am Geldbeutel sichtbar. Von den Unterschieden in den Bereichen Zuwanderung (von offenen Grenzen bis zur Abschottung), Verkehr (von alle aufs Fahrrad bis zu Menschenrecht auf SUV) oder Gesundheit (von weg mit den Privaten bis zu mehr Privatisierung) ganz zu schweigen.

Die Behauptungen sind also das, was man neudeutsch Fake News nennt. Das heißt aber nicht, dass sie nicht für diejenigen Menschen, die sie verbreiten, einen Zweck erfüllen würden. In diesem Fall sind es sogar deren zwei. Erstens liefern sie eine wunderbare Begründung, um im nächsten Atemzug ein »Und deshalb wähle ich die AfD!« herauszufeuern. Denn zu behaupten, man wähle die Partei aus Sympathie für rassistische und antidemokratische Positionen, ist, nun ja, im sozialen Umfeld der meisten dann doch etwas zu viel der Wahrheit. Zweitens sind das Äußerungen, mit denen man selten auf Widerspruch, aber häufig auf zustimmendes Kopfnicken trifft. Ganz nebenbei liefern sie eine wunderbare Ausrede dafür, warum man sich mit den Details von Politik nicht beschäftigen muss. Ist ja sowieso alles derselbe Brei, nicht wahr?

Ich habe derlei in den letzten Jahren häufig gehört. Von Schriftstellern und anderen Künstlerinnen, von erfolgreichen Unternehmerinnen ebenso wie von Bankern, von Unternehmensberatern wie von gut situierten Rentnerinnen. Auch bei meinen Veranstaltungen begegnet mir dieses Denken, obwohl dort eigentlich Menschen sitzen, die ein überdurchschnittliches Interesse an politischen Hintergründen haben. Es ist zum Haareraufen.

»Lassen Sie uns, meine Damen und Herren, so erwachsen werden, dass wir die Zumutungen des demokratischen Prozesses tatsächlich aushalten«, fordert Juli Zeh gegen Ende ihrer Rede in Köln. Und zwar auch dann, wenn »hart errungene Kompromisse noch so fade schmecken«. Als ich diese Zeilen las, spürte ich zunächst den Impuls, auch an dieser Stelle zu nicken. Doch dann begann ich zu grübeln und kam letztlich zu dem Schluss, dass ich der Autorin da vehement widersprechen würde. »Aushalten« ist tatsächlich ein wichtiges Wort in einer liberalen Demokratie wie der unseren. Die im Grundgesetz geforderte Toleranz verlangt sogar, dass wir als Gesellschaft auch Äußerungen und Lebensstile hinnehmen, die sich klar gegen die Werte genau dieses Grundgesetzes richten. Das auszuhalten ist nicht immer leicht und doch eine der wichtigsten Voraussetzungen für das langfristige Gelingen unseres Gesellschaftsmodells. In dem Kontext, in dem Juli Zeh von »aushalten« spricht, springt der Anspruch jedoch meiner Meinung nach etwas zu kurz.

Auch wenn die folgende Botschaft nicht allzu populär sein mag. Es sind häufig genau die nervigen langwierigen Prozesse, die vermeintlich überflüssigen Schleifen, die zähen Verhandlungen und die oftmals unbefriedigenden Kompromisse, die uns alle schützen. Jede Extrarunde vor Gerichten, jedes zusätzliche Gutachten, jede weitere Anhörung oder Ortsbegehung mag uns im konkreten Fall ärgerlich, zeitraubend und auch teuer vorkommen. Das gilt vor allem dann, wenn wir von deren Folgen negativ beeinflusst werden, etwa durch Baustellen, Straßensperren, Baustopps oder Überstunden. Genau diese Dinge sind es jedoch, die uns davor bewahren, dass zu unseren Ungunsten Fakten geschaffen werden, wenn wir einmal auf der anderen Seite stehen.

Die zähe Kompromissfindung, die selbst von überzeugten Demokraten häufig als notwendiges Übel verstanden wird, das man, wie Juli Zeh es nennt, aushalten muss, ist eigentlich ein wesentlicher Pfeiler unseres liberalen Gesellschaftsmodells. Damit wird sichergestellt, dass alle Argumente gehört und auch die Interessen von Minderheiten berücksichtigt werden. Und falls das nicht im Rahmen des politischen Entscheidungsprozesses gelingt, dann eben auf dem Rechtsweg. Dieses Prinzip nur zu ertragen ist zu wenig. Wir müssen es feiern, verteidigen, greifbar machen – auch wenn uns nicht jedes Ergebnis gefällt.

Das heißt natürlich nicht, dass wir alles unkritisch hinnehmen sollen, was wir von politischen Entscheidern vorgesetzt bekommen. Wir müssen weiterhin kritisch sein, nachfragen und auch widersprechen, wo es nötig ist. Aber wenn am Ende eines sauberen und transparenten Prozesses etwas herauskommt, was uns nicht gefällt, sollten wir uns mehr darüber freuen, dass wir die Chance hatten, unseren Argumenten Gehör zu verschaffen, als uns darüber zu ärgern, dass wir uns nicht durchgesetzt haben. Prozess über Ergebnis gewissermaßen. Das unterscheidet die lebendige Demokratie von der effizienzorientierten Autokratie.

Natürlich ist es einfacher, sich im Lamento über die demokratischen Prozesse zu verlieren und nach China, Russland oder Aserbaidschan zu blicken, wo es so was nicht gibt. Wir sollten uns dann aber ein paar Dinge vor Augen führen. In Deutschland laufen wir nicht Gefahr, morgens von Lärm geweckt zu werden, weil eine Baufirma gerade beginnt, unser Haus abzureißen, um eine neue Autobahn zu bauen. Bei uns wird man nicht einfach zwangsumgesiedelt, weil die Regierung einen Staudamm bauen oder ein Sahnegrundstück für die Luxuswohnungen der Minister frei machen will. Menschen in Ländern, wo so etwas an der Tagesordnung ist, müssen wirklich lernen, diese Dinge auszuhalten. Einfach, weil ihnen keine andere Möglichkeit bleibt. Freuen wir uns also, dass wir deutlich weiter sind.

Wir brauchen Menschen, die sich mit Überzeugung für diese Lesart der Demokratie einsetzen. Eine Gesellschaft kommt nicht durch Menschen nach vorne, die ständig das Negative betonen. Wir brauchen solche, die eine positive Vision von der Zukunft entwickeln können und bereit sind, an deren Umsetzung mitzuwirken.

Ganz im Sinne Heinrich Bölls, wie Juli Zeh in ihrer Dankesrede feststellte: »Bei allem gepflegten Einzelgängertum – Heinrich Böll vertrat zeit seines Lebens das Ideal des aufgeklärten, verantwortungsbewussten Citoyens. Er wirkte im Herzen der bundesrepublikanischen Demokratie und nicht gegen sie.«

Träumen und etwas wagen

Martin Luther King dürfte der bekannteste Träumer der jüngeren Geschichte sein. *I have a dream,* der Dreh- und Angelpunkt seiner Rede im Jahr 1963 in Washington, D.C., war Anklage und Friedensangebot gleichermaßen. Er träumte davon, dass in seinem Land eines Tages gelebt würde, was in der Präambel der Unabhängigkeitserklärung steht. Nämlich dass alle Menschen gleich erschaffen worden sind. Er träumte davon, dass seine Kinder eines Tages in einem Land leben könnten, in dem sie nicht nach ihrer Hautfarbe bewertet würden. Er träumte davon, dass die Kinder von ehemaligen Sklaven und Sklavenhaltern eines Tages gemeinsam an einem Tisch sitzen könnten, dass schwarze und weiße Kinder sich als Brüder und Schwestern die Hand geben würden.

Wenn man sich die Reden des amerikanischen Bürgerrechtlers heute anhört oder durchliest, kann man sich kaum vorstellen, dass diese damals von vielen Weißen als aufrührerisch und unerhört wahrgenommen wurden. Im Gegensatz dazu empfanden viele Schwarze seine Formulierungen als zu zahm. Für den Rassisten James Earl Ray war der von einer besseren Zukunft träumende Pastor gar ein Terrorist, weshalb er ihn am 4. April 1968 ermordete. Doch sterben mit einem Menschen zwangsläufig auch seine Träume?

Das Problem der rassistisch begründeten Gewalt gegenüber Schwarzen und anderen ethnischen oder religiösen Minderheiten hat sich unter Donald Trumps Präsidentschaft wieder zugespitzt. Beim Anschlag von Charlottesville im Jahr 2017 raste ein Rechtsextremer vorsätzlich in eine Gruppe Gegendemonstranten und tötete eine junge Frau. Der US-Präsident verurteilte zwar die Gewalt »von vielen, vielen Seiten«, konnte sich jedoch zunächst nicht dazu durchringen, den rechtsextremen Hintergrund der Tat klar zu benennen. Diese Botschaft verstanden Rechtsextremisten wie Liberale gleichermaßen als heimliche Unterstützung des Attentäters, was eine heftige Kontroverse auslöste.

Für diejenigen, die ständig von Rassismus betroffen sind, ist die Entwicklung der letzten Jahre der blanke Horror. Lizzo etwa, die afroamerikanische Rapperin, bezog sich im *Zeit Magazin* auf Martin Luther Kings berühmten Satz und konstatierte frustriert, sie wisse eigentlich gar nicht mehr, wovon sie träumen solle. »Wir arbeiten uns seit einer gefühlten Ewigkeit an demselben Traum ab: Einheit und Gleichberechtigung. Manchmal reiten wir eine Welle und bewegen uns ein Stück vorwärts, dann bricht sie wieder über uns zusammen und macht unsere Anstrengungen zunichte«, sagt sie. Die Hoffnungen, die viele Liberale und Angehörige diskriminierter Gruppen in Amerika mit Barack Obamas Präsidentschaft verbunden hatten, haben sich offensichtlich nicht erfüllt. Sollte man also das Träumen aufgeben?

Lizzo ist dagegen. Es liege in der Natur des Menschen, die Hoffnung nicht aufzugeben. »Hoffnung stellt sicher, dass wir weitermachen«, gibt sie sich am Ende doch wieder kämpferisch. Selbst wenn Träume manchmal einem unsanften Realitäts-Check unterzogen werden, bleiben sie Träume, die man verfolgen kann und vielleicht sogar muss. Ohne Träume hat selten jemand die Welt verändert. Doch es gibt noch ein anderes Argument für das Träumen.

Wenn eine Gesellschaft keine visionären Ziele mehr entwickelt, überlässt sie den emotionalen Raum, in dem Platz für Träume ist, kampflos denjenigen, die die gleichermaßen absurdeste und greifbarste Utopie überhaupt anzubieten haben. Wobei es sich dabei eher um eine »Retrotopie« handelt, wie der Philosoph und Soziologe Zygmunt Baumann das Phänomen genannt hat. Diese lautet, es soll wieder so werden, wie es früher war. *Make America great again* ist der Slogan, der das am prägnantesten auf den Punkt gebracht hat.

Dabei spielt es keine Rolle, ob es früher tatsächlich so war, wie es wieder werden soll. Diese verzerrte Wahrnehmung der Vergangenheit spielt den Radikalen und Populisten in die Karten. Und sie wissen genau, wie sie ihr Blatt zu spielen haben. Gelingt es uns nicht, alternative Ideen von der Zukunft zu entwickeln, wird es schwierig, auch nur einen Stich zu machen. Diese Ideen müssen sich besser anhören als nostalgische Träumereien von einer nie gewesenen Vergangenheit.

Früher wurde man für große Visionen gefeiert. Häufig konnte man sich als Visionär aussuchen, mit welchem Herrscher man sie umsetzen wollte. Und heute? In den letzten Jahren sind in Deutschland große Prestigeprojekte gescheitert. Die Olympischen Spiele in Hamburg oder München wurden jeweils in Bürgerentscheiden abgelehnt. Auch weil niemand sich so richtig getraut hatte, groß zu denken und andere Menschen mit seiner Begeisterung anzustecken. Kostenexplosionen und diverse andere Probleme brachten wiederum Großprojekte wie Stuttgart 21 und den neuen Berliner Flughafen in Verruf. In solch einem Umfeld braucht es im Augenblick einen Antrieb zwischen politischem Wahnsinn und grenzenlosem Mut, um sich mit Ideen für große Projekte in die Öffentlichkeit zu trauen.

Man kann die Skepsis vonseiten der Bürgerinnen und Bürger durchaus ein wenig schizophren finden. Einerseits wünschen wir uns große Architektur, eine moderne Infrastruktur, Ökostrom aus den Steckdosen und tolle Events in unserem Land. Andererseits soll dafür keine Straße gesperrt, keine Stromtrasse gebaut und kein Geld ausgegeben werden. Zumindest nicht vor unserer eigenen Haustür. Prestigeprojekte sind natürlich nicht die Vision selbst, aber sie können wichtige Symbole sein.

Dabei dürfen die eigentlichen Themen, die eine liberale und demokratische Gesellschaft zukunftsfähig machen, nicht aus dem Blick geraten. Dieses Problem brachte die Schriftstellerin Jagoda Marinić in einem Beitrag für den Sammelband *95 An-*

schläge auf den Punkt. Sie schrieb, es gebe zu viele Menschen, »für die, ganz gleich, wie schlecht es ihnen geht, keine bürgerlichen Visionen heraufbeschworen werden«. Diese Bestandsaufnahme trifft, und sie beschreibt eine Aufgabe, die einem politischen Spagat gleichkommt.

Nun stellt sich die Frage, wem man die Umsetzung anvertraut. In vielen Ländern dieser Welt haben die Menschen die Verantwortung in den vergangenen Jahren in die Hände von Populisten gelegt, die in ihren Wahlkampfreden alles so einfach aussehen lassen. Nicht erst die Corona-Krise zeigt, dass es sich in der Realität anders verhält. Außerdem zeigt sich, dass gemäßigte Politiker, die schon eine Weile dabei sind, in der Regel verantwortlich handelnde Menschen sind, die ihre Erfahrung in den Dienst der Menschen stellen.

Auch wenn der Begriff Establishment – oder »Altparteien«, wie die AfD gerne formuliert – für viele Menschen einem Schimpfwort gleichkommt, sollte man sich immer bewusst machen, dass dieses Verständnis gefährlich ist. Etablierte Parteien sind nicht so marode und korrupt, wie viele Bürgerinnen und Bürger inzwischen glauben wollen. Vielmehr haben in Deutschland die Unionsparteien, die SPD, die FDP und die Grünen häufig bewiesen, dass sie in schwierigen Situationen ihrer Verantwortung als staatstragende Parteien durchaus gerecht werden.

Frankreich mit seinem Präsidenten Emmanuel Macron ist ein weiteres Beispiel dafür, dass man bei der Suche nach neuen Anführern nicht zwangsläufig auf Populisten setzen muss. Auch etablierte Politikerinnen und Politiker können sich durchaus neu erfinden. Es geht mir dabei gar nicht darum, die inhaltliche Ausrichtung von Macrons politischer Agenda zu bewerten. Man kann diese mögen, man kann diese ablehnen oder zwiespältige Gefühle haben. Aber man muss Macron zugutehalten, dass er nach seiner Wahl nicht die Hände in den Schoß legte und alles weiterlaufen ließ. Er versucht bis heute,

Visionen zu entwickeln und die großen Themen anzugehen. Dabei legt er den Finger in die offenen Wunden von EU und NATO – und natürlich in die Frankreichs.

Was ihn antreibt, hat er bereits 2017 in einem Interview mit dem *Spiegel* angedeutet, das genau deshalb für eine Menge Rauschen im Blätterwald sorgte. Er glaube fest daran, so gab er den Journalisten zu Protokoll, »dass das moderne politische Leben den Sinn für das Symbolische wiederfinden muss. Dafür brauchen wir eine Art politisches Heldentum.« Und weiter: »Wir sollten wieder empfänglich dafür sein, große Geschichte schreiben zu wollen.«

Natürlich dürfen solche Ambitionen nicht in die Vorstellungen eines »neuen Menschen«, eines »homogenen Volkskörpers« oder eines »Gottesstaats« münden. Diese Art von Großerzählungen aus der Hölle meinen weder Macron noch ich. Doch gerade im Wettbewerb mit diesen pervertierten Vorstellungen ist es wichtig, dass man in der Lage ist, Begeisterung zu entfachen. »Warum ist ein Teil unserer Jugend so sehr von Extremen fasziniert, vom Dschihadismus zum Beispiel?«, fragt Macron. Seine Antwort ist ganz klar. Weil moderne Demokratien sich weigern, »ihre Bürger träumen zu lassen«. Das will er ändern, und zwar mit demokratischem Heldentum.

Wie genau könnte das aussehen? Der Amerikaner Ralph Waldo Emerson, radikaler Individualist und Demokrat, hat bereits 1950 ein Buch über Heldentum in der Demokratie geschrieben, *Repräsentanten der Menschheit* hieß es. Dort bezeichnete Emerson es als Aufgabe der politischen Repräsentanten in der Demokratie, nicht nur den Volkswillen zu spiegeln, wie der Philosoph Dieter Thomä in einem Beitrag für die *NZZ* schreibt. Ihre Aufgabe sei es vielmehr, diesen Willen zukunftsträchtig weiterzuentwickeln. »Man kann diese Idee waghalsig finden«, konstatiert Thomä, doch als Gegengift zur Bedienung kurzfristiger Wähler- und Lobbyinteressen tauge sie allemal.

Ich finde, das beschreibt den Anspruch Macrons ganz gut. Man muss dabei nur aufpassen, dass aus der zukunftsträchtigen Weiterentwicklung des Volkswillens kein egoistisches Umdeuten des Volkswillens wird. Gleichzeitig muss man sich natürlich bewusst machen, dass es so etwas wie diesen einen einheitlichen Volkswillen gar nicht gibt. Es geht darum, mit der Mehrzahl der Bürger gemeinsame Visionen zu entwickeln. Der Wille der Minderheiten, die sich nicht außerhalb des demokratischen Konsenses stellen, muss dabei selbstverständlich berücksichtigt werden.

Natürlich wäre es bequemer, alles so zu belassen, wie es ist. Zumindest für die meisten von uns. So schlecht läuft es nicht. Nur die Behauptung, dass alles schlecht ist, greift um sich. Aber eine Vision besteht eben nicht nur im Bewahren.

Es besser zu machen ist Vision und Aufgabe gleichermaßen. Man kann davor Angst haben, weil es schiefgehen kann. Oder man hört auf Pippi Langstrumpf. Die war sich sicher: »Das habe ich noch nie vorher versucht, also bin ich völlig sicher, dass ich es schaffe.« Der Ansatz der schwedischen Fantasiefigur ist mir persönlich deutlich sympathischer. Denn Nichtstun ist in der heutigen Zeit fast schon die Garantie dafür, dass es nicht so wird, wie man es sich wünscht.

Anfang 2017 gab ich bei einer der Veranstaltungen von Save Democracy im *betahaus* in Hamburg einen Workshop zu Strategien im Umgang mit rechten Parolen. Unter den Teilnehmenden befand sich eine junge Amerikanerin namens Diane. Sie sprach kaum Deutsch, war noch nicht lange im Land und wusste nicht, ob sie bleiben würde. Trotzdem war sie an einem freien Samstag in den Co-Working-Space im Schanzenviertel gekommen, um etwas zu tun. Warum? Die Frage brauchte ich Diane gar nicht erst zu stellen, sie lieferte die Antwort sofort selbst: »Ich habe immer geglaubt, dass uns so etwas wie Trump nicht passieren könnte«, erklärte sie emotional mit Blick auf die damals erst wenige Wochen zurückliegende Präsidentschaftswahl in ihrer Heimat. »Und von meinen Freunden hätte das auch niemand für möglich gehalten«, ergänzte sie.

Sie alle hätten sich nicht gegen Trump und für ihre liberale Weltsicht engagiert, weil sie sich damals nicht vorstellen konnten, dass tatsächlich eine ausreichende Anzahl ihrer Mitbürger eine 180-Grad-Wende in der Art des Zusammenlebens in den USA befürworten würden.

Wir alle sind daran gewöhnt, dass die Dinge vorbeigehen. Umso erstaunter sind wir, wenn gewisse Phänomene plötzlich nicht mehr so einfach verschwinden, wie sie gekommen sind. Der Populismus und seine Gesichter etwa. Lange, zu lange fast, haben wir gedacht, dass es diesmal nur ein bisschen länger dauert. Um langsam, aber sicher festzustellen, dass aussitzen diesmal keine valide Option ist.

Nun befinden wir uns in dem äußerst zähen Prozess der Erkenntnis, dass es keinen vorgezeichneten Pfad mehr in Richtung paradiesisch liberaler und demokratischer Verhältnisse gibt. Vielmehr werden die Errungenschaften der letzten Jahrzehnte zunehmend infrage gestellt.

Die Wahl von Barack Obama zum Präsidenten der Vereinigten Staaten läutete keinen Richtungswechsel, keinen *change* ein, der unumkehrbar gewesen wäre. Ebenso war das *Wir schaffen das!* in Deutschland, getragen von Millionen ehrenamtlichen Händen, kein anhaltender Befreiungsschlag für die deutsche Seele, sondern hat mit der Zeit eher zu einer beispiellosen Beschneidung des Asylrechts geführt.

Wir wissen nicht, wie die Entwicklungen der letzten Jahre im Rückblick aussehen mögen. Vielleicht werden sie nur wie eine kleine Delle in einem ansonsten intakten Trend hin zu einer freiheitlicheren und menschlicheren Gesellschaft wirken. Sicher sein können wir uns dessen aber nicht. Deshalb dürfen wir nicht einfach abwarten – und damit unsere Freiheit riskieren.

»Freiheit heißt immer Tätigkeit«, wusste schon Ralf Dahrendorf. Und Albert Schweitzer stellte fest: »Ein Beispiel zu geben ist nicht die wichtigste Art, wie man andere beeinflusst. Es ist die einzige.« Wir sind also gewissermaßen zur Tätigkeit verdammt.

Doch Vorsicht! Machen wir es uns nicht zu leicht. Wichtig ist bei allem Gestaltungswillen, dass wir den populistischen Impulsen des *Wir gegen die anderen* und des *Wir gegen die da oben* widerstehen und akzeptieren, dass manche Dinge eben kompliziert sind und Zeit brauchen. Und dass wir nicht aufhören, unsere Träume zu pflegen und etwas dafür tun, damit sie Wirklichkeit werden können.

Fehlerkultur entwickeln

PR-Abteilungen von Unternehmen entfalten in der Regel vor allem dann Relevanz, wenn etwas richtig schiefgelaufen ist. Durch ihr Eingreifen verschärft sich jedoch die Situation häufig eher, als sich zu entspannen. Das hat damit zu tun, dass manche PR-Strategen ihre Aufgabe so verstehen, dass möglichst jedes Eingeständnis von Fehlern zu vermeiden ist. Heraus kommen Floskeln, die das Vertrauen in Unternehmen und ihre Produkte nur noch mehr beschädigen. Denn die Menschen mögen vielleicht nicht jedes Detail kennen, aber sie haben ein gutes Gespür dafür, wenn jemand nicht die Wahrheit sagt.

Nicht viel anders sieht es leider im politischen Kontext aus. Viel zu oft wird an jeder Idee und an jeder Forderung so lange herumgeschliffen, bis sich alles gut anhört, aber komplett ohne Kanten auskommt. Wen wundert es, dass viele Menschen es erfrischend finden, wenn sich dann jemand nicht um derlei Regeln schert und so redet, wie ihm oder ihr der Schnabel gewachsen ist? Das ist die Rolle, die weltweit von Populisten sehr erfolgreich gespielt wird.

Immerhin tut sich inzwischen auch im bürgerlichen Lager etwas. Jemand wie Robert Habeck, dem viele Deutsche zutrauen, erster grüner Kanzler zu werden, musste seine Ambitionen nicht sofort begraben, nachdem er sich in einem Live-Interview beim Thema Pendlerpauschale blamiert hatte. Dass er seinen Fehler eingestand, reichte den meisten Bürgerinnen und Bürgern offenbar aus. Wer ist schon unfehlbar? Niemand. Wichtig ist, dass man menschlich bleibt.

Das gilt übrigens immer, wenn wir unser Gegenüber verstehen möchten. Dazu gehört, dass wir nicht jedes Wort auf die Goldwaage legen, sondern uns bemühen, die Absicht hinter den Worten zu erfassen. Die korrekte Verwendung von Sprache ist inzwischen leider zu einem Minenfeld geworden. Ich habe in meinem Leben Menschen kennengelernt, die »Neger« und »Zigeuner« sagen. Sie gehören eher der älteren Generation an, sind nicht besonders urban geprägt. Durch ihr Engagement, ihre Familienverhältnisse und die Werte, die sie jeden Tag aufs Neue leben, sind sie ganz klar keine Rassisten. Die Worte allerdings sind rassistisch. Wie geht man mit so etwas richtig um?

Die Begriffe stammen aus einer Zeit, in der struktureller Rassismus und die Diskriminierung von Menschen, die anders sind, deutsche Staatsräson waren. Natürlich wünsche ich mir eine Gesellschaft, in der solche Ausdrücke nicht mehr Teil des normalen Sprachgebrauchs sind. Trotzdem würde ich mich jederzeit vor Menschen stellen, die problematische Worte verwenden, wenn ich mir sicher bin, dass dahinter kein entsprechendes Weltbild steht. Wer an seinem Verhalten etwas ändern soll, braucht eher Rückenwind als Vorhaltungen.

Natürlich beginnt der Weg in die Gewalt mit der Sprache. Deshalb würde ich solche Aussagen nie einfach stehen lassen, selbst wenn sie von jemandem kommen, dem ich nichts Böses unterstelle. Wie so oft macht der Ton die Musik. Meine Erfahrung ist, dass diejenigen, die sich ungewollt rassistisch oder anderweitig diskriminierend ausdrücken, auf freundliche Hinweise durchaus reagieren.

Der Mensch gilt zwar seit Kant als vernunftbegabt. Damit ist allerdings nicht gesagt, dass er automatisch vernünftig handelt. Darüber habe ich weiter oben schon gesprochen. Menschen sind keine Maschinen und lassen sich nicht abrichten. Deshalb endete die Utopie vom neuen Menschen in der Vergangenheit regelmäßig in autoritären Eskapaden. Doch wir können uns unbestreitbar entwickeln. Wenn, und das ist wirklich wichtig, wir die Offenheit für neue Impulse mitbringen. Anders gesagt: Wenn wir wollen. Ich will das an zwei Beispielen verdeutlichen.

Vielleicht haben Sie schon einmal von Jimmy Schulz gehört. Falls ja, dann vermutlich im Zusammenhang mit Netzpolitik. Schulz war bis zu seinem Tod am 25. November 2019 Mitglied des Deutschen Bundestages und leitete zuletzt den Ausschuss Digitale Agenda. Als FDP-Politiker war er weit über die Parteigrenzen hinaus vernetzt und geschätzt. Ich habe tatsächlich bis heute niemanden getroffen, der über ihn etwas Negatives zu berichten gehabt hätte. Jimmy Schulz war nicht nur ein kluger Netzpolitiker, sondern darüber hinaus ein sehr weltoffener Mensch. Ein Liberaler, wie man ihn sich nicht besser hätte backen können, würde man meinen.

1989 jedoch wurde Schulz zunächst Mitglied der Republikaner, einer rechtsradikalen Partei also. Der damals 20-Jährige hatte in dieser Partei etwas entdeckt, das ihm bei den anderen Parteien fehlte, nämlich eine klare Haltung zu einer möglichen deutschen Einheit. Doch bereits nach einem Jahr hatte der junge Mann verstanden, mit wem er es zu tun hatte. Er verließ die Partei wieder und machte sich auf den langen Weg zurück in die Mitte, bis er am Ende bei der FDP herauskam. Dabei war es nicht nur wichtig, dass Jimmy Schulz den Weg von Rechtsaußen in die Mitte gehen wollte. Mindestens genauso wichtig war, dass ihm niemand diesen Weg versperrte.

In der Gründerszene, in der sich Schulz später bewegte wie ein Fisch im Wasser, gibt es etwas, das als Beta-Prinzip beschrieben wird. Das bedeutet, dass man mit einem unfertigen Produkt an den Markt geht, dies auch offen kommuniziert und die konstruktive Kritik der Benutzer nutzt, um es zu verbessern.

Dieses Prinzip sollte doch auf den Umgang von Menschen miteinander übertragbar sein. Niemand von uns ist perfekt. Wir alle machen Fehler. Wichtig ist die Einstellung, wie man damit umgeht. Wir brauchen eine Fehlerkultur, in der es einerseits in Ordnung ist danebenzuliegen, und andererseits genauso okay, dafür konstruktiv kritisiert zu werden.

Beim zweiten Beispiel geht es um den von mir hochgeschätzten Rechtsanwalt Mehmet Daimagüler. Mit ihm war ich eine Zeit lang quer durch Deutschland unterwegs, um über die Ergebnisse des NSU-Verfahrens und die offenen Fragen mit Blick auf die deutschen Sicherheitsbehörden zu sprechen. Daimagüler ist nicht nur jemand, der Diskriminierung am eigenen Leib erfahren hat, sondern er vertritt zudem in seiner Funktion als Anwalt häufig Menschen, die Opfer von rassistischen oder fremdenfeindlichen Straftaten geworden sind. Man darf also guten Gewissens davon ausgehen, dass er weiß, wie gefährlich Vorurteile sind, und aus privaten wie professionellen Gründen alles versucht, um sich nicht manipulieren zu lassen.

Umso bemerkenswerter erscheint es, dass er bei seinen öffentlichen Auftritten regelmäßig erzählt, wie ihm bei einem gefährlichen Manöver eines Lieferwagens mit polnischem Kennzeichen zuallererst der Gedanke: »Scheiß Pole!«, durch den Kopf schoss. Obwohl er natürlich weiß, dass die Fähigkeiten des Fahrers nichts mit seiner Nationalität zu tun haben. Im Publikum herrscht in diesem Moment jedes Mal eine gespannte Stille. »Wie will er das auflösen?«, scheinen die Blicke der Zuhörerinnen und Zuhörer zu fragen.

Dabei ist die Auflösung im kantschen Sinne gar nicht so überraschend. Letztlich geht es nicht darum, die eigenen Gedanken zu manipulieren, sondern darum, sich von negativen Impulsen nicht zu falschem Handeln verleiten zu lassen. Die Gedanken sind und bleiben frei, es zählt am Ende nur, wie wir uns verhalten. Mehmet Daimagüler würde sicherlich dem negativen Impuls gegenüber dem polnischen Lieferwagenfahrer keine Handlung folgen lassen. Manchmal ist es eben auch schon eine Leistung, die eigenen Schwächen zu akzeptieren, dafür aber nicht alles zu sagen, was man denkt.

Antifaschismus in die Mitte holen

Zu Beginn ein kleines Rätsel. Von wem stammt der folgende Satz: »Meine Generation ist schon aus patriotischen Gründen antifaschistisch, denn es waren deutsche Künstler, Bildungsbürger, Intellektuelle, die von den Nazis umgebracht wurden oder vertrieben [...].« Wer jetzt an Katja Kipping, Gregor Gysi oder andere Köpfe der Linkspartei denkt, liegt falsch. Es waren auch nicht Robert Habeck oder Saskia Esken, nicht der Sänger von Feine Sahne Fischfilet oder Campino. Bevor ich auflöse, zunächst ein paar Überlegungen zu diesem Gedanken, den man in dieser Differenziertheit selten hört.

Die Begriffe Patriotismus und Antifaschismus dürften zu den umkämpftesten Vokabeln unserer Zeit gehören. Sobald sich jemand auf *Twitter* als »patriotisch« outet, kann er mit einem linken Shitstorm rechnen, der sich gewaschen hat. Das hat damit zu tun, dass viele linke Internationalisten mit der Nation und einem Zugehörigkeitsgefühl dazu nichts anfangen können. Darüber hinaus bezeichnen sich viele Rechtsextreme als patriotisch (Selbstverharmlosung!), wenn sie eigentlich nationalistisch, rassistisch und antisemitisch meinen. Es findet also eine Umdeutung statt, an der die rechte Szene aktiv und die linke Szene durch Tabuisierung mitwirken.

Nicht viel anders sieht es mit »antifaschistisch« aus. Keine Frage: »Jeder überzeugte Demokrat ist ein Gegner des Faschismus.« Das hatte Torsten Voß, der Chef des Hamburger Verfassungsschutzes, im Gespräch mit Marc Widmann von der *Zeit* treffend formuliert. Doch das Zitat geht weiter: »Aber nicht jeder Antifaschist ist ein Demokrat.« Er sehe einen Missbrauch des Begriffs durch Linksextremisten, weil diese den Ausdruck häufig gleichsetzen mit der Bekämpfung der freiheitlich-demokratischen Grundordnung. Der Trick zeigt Wirkung, und zwar an verschiedenen Stellen.

Viele moderate Linke, die sich auch als Antifaschisten verstehen, tun sich schwer mit der Abgrenzung zur Antifaschismus-Deutung der Radikalen und gehen schweigend manche antidemokratische Grenzüberschreitung mit. Ein Teil des sogenannten bürgerlichen Lagers wiederum möchte mit dem Begriff Antifaschismus lieber gar nichts zu tun haben aus Angst, mit den Chaoten in einen Topf geworfen zu werden, die rund um den G20-Gipfel Teile des Hamburger Schanzenviertels in Schutt und Asche gelegt haben.

Diese Reaktionen aus der Mitte des politischen Spektrums sorgen dafür, dass es genau zwei Gewinner gibt. Und beide sind keine Demokraten. Die Radikalen unter den linken wie rechten Aktivisten profitieren davon, wenn der Begriff »antifaschistisch« exklusiv mit dem gewaltbereiten Teil der Antifaschistischen Aktion (Antifa) verknüpft wird. Die einen, weil sie die Deutungshoheit über den Antifaschismus in ihren Reihen hüten wollen und eifersüchtig darauf achten, dass keiner den Antifaschismus mit etwas anderem als linksradikaler Ideologie zu verknüpfen versucht. Schon moderate Linke werden dort als Teil des Problems gesehen. Die anderen, weil sie ein Klima schaffen wollen, in dem man sich schämt, sich offen gegen faschistisches Denken zu stellen.

Derzeit sieht es nicht so aus, als ob die Mitte den Kampf um die Deutungshoheit über den Begriff Antifaschismus für sich gewinnen würde. Das durfte ich am eigenen Leib erfahren. Für ein Interview, das ich im Jahr 2015 dem Onlineportal *Ruhrbarone* gegeben habe, werde ich bis heute angegriffen. Es ging damals allgemein um mein letztes Buch, in dem ich vor den Gefahren durch neurechte Bewegungen für die liberale Demokratie gewarnt habe. Zum Ende des Interviews fragte mich der Interviewer Julius Hagen, ob die liberale Mitte von Linksradikalen lernen müsse, um »ein neues Rostock-Lichtenhagen zu verhindern«. Hintergrund waren die Ausschreitungen von Rechtsextremen in Heidenau und Freital einerseits und die antisemitischen Al-Quds-Demos im Jahr 2014 andererseits gewesen. Damals war die einzige deutliche Gegenreaktion aus Antifa-Kreisen gekommen. Das Bürgertum dagegen hatte es, wie so oft, bei Lippenbekenntnissen in den sozialen Medien belassen.

Ich kenne einige Antifa-Aktivisten persönlich. Keiner von denen gehört zu den extremistischen Spinnern, die Autos anzünden oder Polizisten entmenschlichen. In wirtschaftlichen und sozialen Fragen haben wir meistens sehr unterschiedliche Ansichten. In der Realität existiert »die Antifa« nicht als der monolithische Block, wie ihn sich viele vorstellen. Natürlich würde ich mir wünschen, dass sich diejenigen klarer von den gewaltbereiten Spinnern abgrenzen, die mit dem vermeintlich revolutionären Kampf gegen den »Schweinestaat« nichts zu tun haben wollen, wie Ulrike Meinhof die Bundesrepublik nannte. Diese Uneinigkeit muss man in einer Demokratie aushalten, umso mehr unter Freunden.

In einer Frage allerdings sind wir uns vollkommen einig. Rassismus, Sexismus, Antisemitismus und alle anderen Formen der gruppenbezogenen Menschenfeindlichkeit muss entgegengetreten werden. Für mich sind die Aktivisten Helden, die sich bei den Al-Quds-Tagen der letzten Jahre dem antisemitischen Mob entgegengestellt und, mit Israelflaggen ausgestattet, ein klares Bekenntnis zum Existenzrecht dieses kleinen jüdischen Reservats abgegeben haben. Helden wohlgemerkt, vor denen die bürgerliche Mitte zurückschreckt, weil sie diese Menschen aus einer gewissen Denkfaulheit mit gewaltbereiten Linksextremisten in einen Topf wirft. Stattdessen sollten sie ihnen lieber im Kampf gegen den um sich greifenden Antisemitismus zur Seite stehen.

Ich versuche mit meinen Ausführungen, so gut es geht, zu differenzieren. Das Ergebnis ist häufig, dass ich aus beiden Ecken angegriffen werde. Damit muss ich leben. Unschön ist allerdings, dass diese Differenzierung in gemäßigten Kreisen häufig nicht akzeptiert wird, dafür aber die platten Parolen von Rechts ohne großes Hinterfragen aufgegriffen werden. Nichts wünschen sich die extrem Rechten mehr, als dass die Mitte ihre Definitionen übernimmt. Und nichts wünschen sich die extrem Linken mehr als eine bürgerliche Mitte, die man beim Nachplappern rechter Parolen erwischt. Denn das bestätigt wunderbar das Bild, in dem selbst die Union, die FDP und die Springer-Presse Vorposten des Faschismus sind.

Wer vermeiden will, in diese Falle zu tappen, dem oder der rufe ich daher zu: Lasst uns um die wichtigen Begriffe kämpfen, sonst verlieren wir sie für immer. Zu Julius Hagen von *Ruhrbarone* sagte ich damals: »Ich bin zwar nicht Mitglied der Antifa, aber Antifaschist bin ich auch.« Zu dieser Aussage stehe ich bis heute.

Nun bin ich die Auflösung des Rätsels schuldig. Das Zitat am Anfang des Kapitels stammt von Ulf Poschardt, der inzwischen Chefredakteur der *Welt*-Gruppe und links- wie rechtsradikaler Umtriebe unverdächtig ist. Ob er den Satz in der aufgeheizten digitalen Debatte unserer Zeit noch einmal sagen oder schreiben würde?

Es entbehrt nicht einer gewissen Komik, dass ich diese Aussage ausgerechnet einem Buch des Publizisten Matthias Matussek entnommen habe. *Wir Deutschen* erschien im Jahr 2006. Keine zehn Jahre später wurde Matussek von Poschardt bei der *Welt* gefeuert, nachdem er offensichtlich in den rechten Sumpf abgedriftet war. Inzwischen steht Matussek ab und an vor Hamburger Bahnhöfen auf Bierkisten und brüllt: »Widerstand, Widerstand.« Sein Werdegang sollte uns allen Ansporn sein, Antifaschismus endlich bürgerlich zu denken.

Einen Konsens in der bürgerlichen Mitte aufrechtzuerhalten ist in unseren Zeiten schwer genug. Allerdings ist das alleine bei Weitem nicht ausreichend. In Situationen, in denen dieser Konsens offensiv infrage gestellt wird, muss auch entsprechend gehandelt werden.

Viel zu lange hörte man vor allem die Stimmen von Vertreterinnen und Vertretern des linken Spektrums, obwohl der Chor doch vielstimmig sein müsste, wenn Konservative und Liberale es ernst meinen. Erst nach den Vorgängen rund um die Ministerpräsidentenwahl in Thüringen, nach der CDU und FDP plötzlich unter Verdacht standen, sich nach Rechtsaußen zu öffnen, schwoll der Chor deutlich vernehmbar an. Endlich.

Nicht nur, dass sich die liberalen Kandidaten bei der Hamburger Bürgerschaftswahl deutlich als Antifaschisten positionierten. Was ihnen allerdings nichts mehr half. Zu verunsichert waren viele Wählerinnen und Wähler. Auch junge Politiker wie der niedersächsische FDP-Generalsekretär Konstantin Kuhle und der FDP-Fraktionsvorsitzende im Bayerischen Landtag, Martin Hagen, bezogen klar Stellung. So schrieb Hagen für die *Welt:* »Nicht jeder Antifaschist ist ein Liberaler – einige sind wohl nicht mal Demokraten. Aber jeder Liberale, dem es ernst ist mit seiner Überzeugung, muss zwangsläufig Antifaschist sein.« Und Kuhle, immerhin innenpolitischer Sprecher der Bundestagsfraktion, formulierte in der *NZZ*: »Die Bekämpfung des Rechtsextremismus ist kein linkes Projekt. Sie muss auch ein liberales und konservatives Projekt sein.«

Einer, von dem man für die heutige Debatte viel lernen kann, ist Dietrich Bonhoeffer. Bekannt ist er den meisten heute dafür, dass er sich als evangelischer Pastor dem Widerstand gegen Hitler anschloss und deswegen kurz vor dem Untergang des Dritten Reiches am 9. April 1945 auf Hitlers ausdrücklichen Wunsch hin im KZ Flossenbürg hingerichtet wurde. Doch das ist nur ein Teil seiner Geschichte. Sein Weg vom Pastor zum Widerständler, der ausdrücklich den »Tyrannenmord«, also das Anwenden von Gewalt, als legitimes Mittel ansah, war ein ungewöhnlicher.

Bonhoeffer hatte vom Tag der Machtübernahme an klar Position gegen Hitler und die Nationalsozialisten bezogen. Lange versuchte er, die christlichen Organisationen davon zu überzeugen, sich öffentlich gegen Hitlers Judenhass zu positionieren. Die Kirche, so war er überzeugt, »ist den Opfern jeder Gesellschaftsordnung in unbedingter Weise verpflichtet, auch wenn sie nicht der christlichen Gemeinde zugehören«. In letzter Konsequenz hieß das für ihn, dass die Kirche die Verpflichtung habe, »nicht nur die Opfer unter dem Rad zu verbinden, sondern dem Rad selbst in die Speichen zu fallen«, wenn der Staat sich nicht an das Recht halten und über Menschen anderen Glaubens gewissermaßen hinwegwalzen würde.

Der Pastor hatte es sich also nicht leicht gemacht, als er sich entschied, vom gewaltfreien in den gewaltsamen Widerstand zu wechseln. Wolfgang Huber, Ethikprofessor, Bischof und sechs Jahre lang Ratsvorsitzender der Evangelischen Kirche in Deutschland, hat ein Buch über ihn geschrieben, *Dietrich Bonhoeffer: Auf dem Weg zur Freiheit*. In einem Interview mit Evelyn Finger für die *Zeit* beschreibt er Bonhoeffers Idee von Widerstand als »Widerstand gegen die eigene Gleichgültigkeit«.

Vielleicht ist dieser Widerstand die größte Hürde, die wir alle zu überwinden haben, solange uns Diskriminierung und Intoleranz nicht direkt betreffen. Wann, wenn nicht jetzt, soll die Zeit dafür gekommen sein?

Dietrich Bonhoeffer hat schon vor langer Zeit formuliert: »Nur wer gegen Judenfeindlichkeit eintritt, kann auch gregorianisch singen.« Das gilt heute wie damals und weit über die Judenfeindlichkeit hinaus.

Einen langen Atem haben

Kurzfristige Empörung bringt Menschen dazu, sich zu engagieren. Leider heißt das häufig, dass sie sich auch nur kurzfristig engagieren. So lange eben, bis die Empörung sich ein anderes Ziel gesucht hat. Ich habe in den letzten Jahren eine ganze Reihe spannender Initiativen kommen und gehen sehen. Die Bereitschaft, sich langfristig einzubringen, Themen zu entwickeln und nicht nur auf einen kurzen Social-Media-Buzz zu setzen, ist leider nicht so weit verbreitet, wie man es sich wünschen würde. Vermutlich, weil Engagement in einer Demokratie bedeutet, dass die Dinge lange dauern können und manchmal gar nicht zu einem erfolgreichen Abschluss kommen. Sich für seine Überzeugung zu engagieren heißt eben noch lange nicht, dass man dafür genügend Mitstreiter und Mehrheiten findet.

Das war auch Ignatz Bubis durchaus bewusst. Obwohl der hoch angesehene langjährige Vorsitzende des Zentralrats der Juden in Deutschland ein Netzwerk aus wichtigen Leuten hatte, von dem die meisten nur träumen können, schien er am Ende zu resignieren. »Ich habe nichts erreicht«, sagte er wenige Wochen vor seinem Tod im Jahr 1999 dem *Stern*.

Das mag sich für ihn so angefühlt haben. Vermutlich machen die dauernden Kämpfe, wie sie Bubis etwa gegen die Republikaner ausfechten musste, irgendwann jeden mürbe. Ihm war damals allerdings nicht klar, welche Wirkung er auf manche Menschen meiner Generation hatte. Nicht nur für mich war und ist Bubis eine wichtige Quelle der Inspiration. Damit das so bleibt, muss ich mir nur ab und an auf *YouTube* die Videos ansehen, die rund um seinen Besuch in Rostock-Lichtenhagen im Jahr 1992 entstanden sind.

Die deutsche Politik nahm damals eine dreitägige Belagerung einer Asylbewerberunterkunft nicht etwa zum Anlass, entschlossen gegen rechten Hass vorzugehen, sondern schränkte stattdessen lieber das Asylrecht ein. Dagegen setzte Bubis mit einer Delegation des Zentralrats vor Ort ein Zeichen der Solidarität mit den Menschen, die dort mehrere Tage lang angegriffen worden waren. Mehr als einmal versagte ihm die Stimme, als er einem Journalisten Fragen beantwortete. Bubis fühlte mit den Menschen in den Plattenbauten, die unter dem Gejohle und dem Applaus von 3000 Schaulustigen um ihr Leben gebangt hatten. Das ist umso bemerkenswerter, weil er das als Repräsentant einer Gruppe tat, die selbst unter enormem Druck steht und mit Anfeindungen und Übergriffen leben muss. Welche Größe zeigt sich in solch einem Verhalten!

Bubis' Handeln von damals ist heute noch eine der Leitlinien des Zentralrats, wie der derzeitige Vorsitzende Josef Schuster 2017 auf der Homepage bestätigt. Man sei bereit, sich immer »für Menschen und Minderheiten einzusetzen, wenn diese diskriminiert oder angegriffen werden«, schrieb er. Der Besuch seines Vorgängers in Rostock sei ein Symbol dafür gewesen, »dass die jüdische Gemeinschaft nicht zusehen und schweigen würde«.

Für mich wirkt das nicht so, als ob Bubis nichts erreicht hätte. Er hat vielleicht nur nicht mehr erlebt, was aus seinen Bemühungen geworden ist. Dieses Schicksal teilt er leider mit vielen Menschen, die in der Vergangenheit für etwas gestritten haben, wovon wir heute profitieren. Etwa mit den frühen Feministinnen wie Hedwig Dohm, Helene Lange, Minna Cauer und Helene Stöcker oder Homosexuellen-Aktivisten wie Magnus Hirschfeld und Karl-Heinrich Ulrichs, die im Kaiserreich gegen die Ungleichbehandlung kämpften. An ihren Schicksalen sehen wir, dass es einen langen Atem braucht, wenn man etwas erreichen will.

Langfristiges Engagement braucht vor allem eines: Strukturen. Auch da haben uns vor allem rechte Populisten etwas voraus. Denn die haben diese Notwendigkeit längst erkannt und ein engmaschiges Netzwerk an Gruppen und Akteuren gewebt, die sich gegenseitig unterstützen. Darauf muss dringend mit einem Professionalisierungsschub des zivilgesellschaftlichen Engagements reagiert werden. Die Schweizer Operation Libero habe ich bereits vorgestellt. Ich glaube, in diese Richtung muss es gehen. Das geht einerseits nicht ohne Geld und andererseits nicht ohne Arbeit, die professionellen Ansprüchen genügt. Nicht zuletzt braucht es dafür politische Köpfe in allen demokratischen Lagern, die bereit und in der Lage sind, alte Zöpfe abzuschneiden und neue Ziele und Erzählungen zu entwickeln. Menschen, die nicht nur klug, sondern auch emotional anschlussfähig sind.

Diese Herausforderung ist alles andere als trivial. Man kann sie nicht durch Vereinbarungen in Koalitionsverträgen lösen, die nur die nächsten dreieinhalb Jahre in den Blick nehmen. Auch funktionierende Verwaltungen, eine gemeinsame Währung und ein weitgehend funktioneller Binnenmarkt bilden offensichtlich kein Bollwerk gegen die schleichende Renationalisierung, die seit einiger Zeit um sich greift. Wir brauchen also ein neues Narrativ, wie es so schön heißt.

Es liegt eigentlich auf der Hand, was das sein könnte. Europa als sozialer und ökologischer Freiheitsraum neben autoritären Staaten wie China, gelenkten Demokratien wie Russland und Indien und der zunehmend dysfunktionalen Demokratie

USA – das wäre doch eine erstrebenswerte Position. Emmanuel Macron hat zuletzt einige Vorstöße in diese Richtung unternommen, blitzte aber auch und gerade bei der deutschen Bundeskanzlerin damit ab. Aber diese ist nicht mehr allzu lange im Amt, und die Corona-Krise hat doch vielen Menschen gezeigt, dass wir alle im selben Boot sitzen, wenn es darauf ankommt. Das Ziel ist nicht über Nacht erreichbar, aber es wird Zeit, dass wir uns dorthin auf den Weg machen.

Global Verantwortung übernehmen

Deutschland steht zu seiner Verantwortung in der Welt«, ist ein Satz, den in den vergangenen Jahrzehnten vermutlich alle deutschen Außenminister, Kanzlerinnen und Kanzler mehr als einmal gesagt haben. Das hört sich wunderbar an und bietet wenig Angriffsfläche. Der Spruch ging so lange leicht über die Lippen, solange nicht zur Debatte stand, dass dieses Versprechen auf die eine oder andere Weise eingelöst werden muss. Doch die Zeiten ändern sich, und die Konsequenzen großer Versprechungen müssen mitgedacht werden.

Ich denke da insbesondere an eine Rede, die Angela Merkel in den ersten Jahren ihrer Amtszeit gehalten hat, und zwar am 18. März 2008. Anlässlich des 60. Jahrestags der Gründung Israels sprach sie als erste Regierungschefin eines anderen Landes überhaupt in der Knesset, dem israelischen Parlament. Und das auf Deutsch. In der Regel ist die Aufmerksamkeit für Politikerreden anlässlich eines Jubiläums zeitlich sehr begrenzt. Trotzdem wird eine Aussage von Angela Merkel bis heute ständig zitiert. Diese Aussage, so positiv sie im Kern ist, steht sinnbildlich für das Dilemma Deutschlands zwischen Holocaust und Zukunft, zwischen Pazifismus und Wehrhaftigkeit.

Es ging konkret um die Bedrohung Israels durch den Iran, die 2008 so aktuell wie heute war. Merkel formulierte fast am Ende ihrer Rede, dass die Sicherheit Israels »Teil der Staatsräson« ihres Landes, also Deutschlands, sei und deshalb für sie »als deutsche Bundeskanzlerin niemals verhandelbar«. Deshalb dürften das »in der Stunde der Bewährung keine leeren Worte bleiben«, ergänzte sie. Im weiteren Fortgang der Rede ließ sich erkennen, dass diese Konsequenz damals (wie heute noch) vor allem die Verhängung und Umsetzung von Sanktionen gegen den Iran bedeutete. Doch was wäre die Rede von der Staatsräson wert, wenn es wirklich zum Schwur käme? Wie weit wären wir bereit zu gehen, wenn der Iran oder andere Gruppen oder Staaten aus der Region Israel angreifen würden?

Darüber hinaus stellt sich die Frage, ob sich diese Staatsräson eigentlich auf Israel beschränkt. Oder müsste dahinter nicht so etwas wie ein Versprechen an die Verfolgten dieser Welt stehen, dass sie in Deutschland ein offenes Ohr finden und zumindest ernsthaft geprüft wird, was man für sie tun könnte?

Die deutsche Politik und mit ihr die deutsche Gesellschaft handeln nach dem Prinzip Hoffnung. Mit Worten stehen wir zumeist auf der richtigen Seite. Auf der Seite der Bedrohten und der Angegriffenen, auf der Seite der Kleinen und der Schwachen. Das macht sich gut in den Nachrichten, auf *Facebook* und auf *Twitter*. Aber jeder Äußerung zur Ukraine oder dem Nahostkonflikt, zum Krieg zwischen Saudi-Arabien und dem Jemen, zu Hongkong oder zur Unterdrückung der Uiguren schicken die Verantwortlichen vermutlich ein Stoßgebet hinterher, dass sie während ihrer Amtszeit niemals gezwungen werden, ihren Worten auch Taten folgen zu lassen. Anders ausgedrückt: Der Kaiser ist nackt. Jeder sieht es. Keiner will es aussprechen, um nicht am Ende zugeben zu müssen, dass er selbst auch keine schicke Kleidung anzubieten hätte. Meinte man das Gesagte ernst, müsste man zu den Konsequenzen stehen.

Saudi-Arabien unterdrückt Frauen, foltert liberale Oppositionelle und führt einen schmutzigen Krieg gegen den Jemen? Klar. Aber wenn wir dorthin keine Waffen mehr verkaufen, wer gibt dann den Angestellten der deutschen Rüstungsfirmen neue Jobs? Wer stopft die Steuerlöcher in den Kommunen?

China greift nach Hongkong, steckt Millionen Angehörige der uigurischen Minderheit in Umerziehungslager und bricht gnadenlos einen internationalen Vertrag nach dem anderen? Klar. Aber wenn wir gegen China Sanktionen verhängen, wer übernimmt dann unsere insolventen Mittelständler? Wer beliefert uns mit billigen Handys, Medikamenten und Atemmasken?

Russland hat sich nicht nur völkerrechtswidrig die Krim einverleibt und die Ostukraine zu einem Schlachtfeld gemacht? Es mischt sich ständig in die Wahlen anderer Staaten ein und schikaniert deutsche Unternehmen nach allen Regeln der Kunst? Klar. Doch warum sollten wir für die Sicherheit der Ukraine, der baltischen Staaten und Polens eine üble innenpolitische Debatte riskieren?

Deutschland ist wirtschaftlich ein Riese und außenpolitisch ein Zwerg. Diese Rolle hat es selbst gewählt. Wahrscheinlich in der Hoffnung, dass der amerikanische Politologe Francis Fukuyama mit seiner Hypothese recht behalten würde, der Zusammenbruch des Eisernen Vorhangs markiere das »Ende der Geschichte«.

Doch auf dieses Ende warten wir jetzt seit dreißig Jahren. Die Position irgendwo zwischen Baum und Borke, frei nach dem Motto: »Wasch mich, aber mach mich nicht nass«, steht uns zum einen nicht gut zu Gesicht. Zum anderen ist sie eine Einladung an die Feinde der offenen Gesellschaft, mit uns zu machen, was sie wollen. Weil Angriffe auf unsere Werte keine Konsequenzen jenseits von ein paar diplomatischen Adressen haben. Das müssen wir dringend ändern.

HELDEN SEIN STATT
HELDEN BRAUCHEN

Es gibt Mut ohne Heldentum, aber kein Heldentum ohne Mut. Sich das vor Augen zu führen ist wichtiger, als es zunächst scheinen mag. Denn in dieser Beobachtung steckt die Antwort auf die Frage, was unsere Gesellschaft in erster Linie braucht. Nämlich mutige und gleichzeitig reflektierte Menschen, die ein intaktes Wertegerüst und eine gesunde Empathie besitzen.

Mutig zu sein bedeutet, Widerstände und Ängste zu überwinden. Das gute Gefühl, mutig gehandelt zu haben, kommt erst später. Im Moment des Mutes fühlt man sich nicht unbedingt wohl in seiner Haut. Denn in genau diesem Augenblick steht tatsächlich etwas auf dem Spiel, sonst brauchte es den Mut ja nicht.

Hans Magnus Enzensberger hat den Begriff »Gratismut« geprägt, der Handlungen beschreibt, die zwar couragiert tun, aber nichts kosten. Wobei »kosten« durchaus im übertragenen Sinne zu verstehen ist. Bei *Twitter* empört auf *Like* zu drücken, wenn ein Video von Menschenrechtsverletzungen aus einem entlegenen Winkel der Welt gezeigt wird, ist so eine Form von Gratismut.

Nun bringt es natürlich nichts, den Klick verschämt zu unterlassen, weil man nicht weiß, wie man den Uiguren oder den Bewohnern von Hongkong, den brasilianischen Ureinwohnern oder den Kurden konkret helfen kann. Wir sollten uns nur nicht ein gutes Gewissen klicken, um danach selig lächelnd die Hände in den Schoß zu legen. Was wir brauchen, ist kein blinder Aktivismus oder orchestrierte Internetempörung, sondern die Bereitschaft zum tätigen Mut, wenn es darauf ankommt.

Deniz Yücel wurde von seiner Kollegin Emilia Smechowski auf die #FreeDeniz-Bewegung von deutschen Journalisten, Politikern, Aktivisten, Bürgerinnen und Bürgern angesprochen. Es habe so gewirkt, befand sie, als habe jeder etwas vom »#FreeDeniz-Kuchen abhaben« wollen. »Ein bisschen auf der Straße hupen, und schon traten wir ein für Menschenrechte. Das gute Gefühl war recht billig zu haben«, schilderte sie ihre Wahrnehmung dieser Gratismut-Mentalität. Doch darauf wollte sich Yücel nicht einlassen. »Es muss ja nicht jeder so einen hohen Preis zahlen wie ich«, antwortete er. Damit hat er natürlich recht. Wichtig ist aber die Frage: Wären wir notfalls bereit dazu?

Als Yücel inhaftiert wurde, befanden Politiker aus dem rechtsextremen Spektrum, das geschehe ihm gerade recht. Dass sie ihn selbst dann noch angriffen, als er nach einem Jahr hinter türkischen Gittern freikam, erlaubte einen unverstellten Blick auf die radikale Gedankenwelt. Ein deutscher Journalist mit türkischen Wurzeln, der in der Vergangenheit Dinge geschrieben hat, die Rechtsextremen nicht gefallen, soll auch dann in einem autoritären Land im Gefängnis versauern, wenn er nichts Rechtswidriges getan hat. Wer so tickt, wird in Deutschland vor der Abschaffung des Rechtsstaats nicht zurückschrecken.

Genau da kommt #FreeDeniz und die Frage nach dem Gratismut ins Spiel. Nein, es muss nicht jeder einen so hohen Preis wie der Journalist zahlen. Aber das Engagement für ihn und seine Sache taugt zur gegenseitigen Versicherung, es gäbe genügend Menschen, die auf- und zusammenstehen würden, würde sich jemand eines Tages in Deutschland an den Grundwerten vergreifen. Es ist das unausgesprochene Versprechen, dass man nicht allein ist, wenn man etwas tun will. Außerdem schafft es eine wunderbare Gelegenheit, Netzwerke von

Gleichgesinnten zu bilden. Je mehr wir von dieser Art des Engagements sehen, desto unwahrscheinlicher ist es, dass wir die gegebenen Versprechen einlösen müssen.

Wichtig ist dabei, Begriffe wie Mut und Heldentum nicht inflationär zu benutzen. Wir sollten daher dem Versuch der Etablierung ständig neuer Heldenkategorien widerstehen. Helden der neuen Arbeit, zahllose Alltagshelden, selbst Versicherungshelden gibt es inzwischen – all das sind letztlich nur Konstrukte fleißiger PR- und Werbemenschen. Werden die Begriffe überdehnt, bedeuten sie jedoch am Ende nichts mehr. Die Werbeschaffenden lassen sich eine neue Strategie einfallen, finden neue Worte, die sie für ihre Ziele umdeuten und aufladen können. Dasselbe gilt für Hollywood, wo ein Ende der Produktion von Superheldenfilmen derzeit nicht absehbar ist. Nur stehen der liberalen Demokratie diese Möglichkeiten leider nicht offen. Sie muss mit dem arbeiten, was sie hat.

Wer über eine Gesellschaft sagt, dass sie Helden braucht, formuliert das aus einem Problemempfinden heraus. So wie ich, als ich im Sommer 2018 begann, mich mit dem Thema auseinanderzusetzen. Im Rahmen der Recherchen habe ich nach und nach gemerkt, dass ich meiner Ausgangshypothese nicht mehr so recht traute.

Lange Zeit blieb mein Problem mit der Aussage eher ein Bauchgefühl, das sich nicht in Worte fassen ließ. Die Auflösung kam letztlich während des Schreibens. Ich will versuchen, diesen Prozess anhand von drei bereits bekannten Beispielen verständlich zu machen.

Das erste Beispiel ist Carola Rackete. Sie ist eine Heldin. Eine, die tatsächlich nicht sicher sein konnte, ob sie nach dem Manöver im Hafen von Lampedusa die Freiheit der See nicht gegen die Unfreiheit einer italienischen Gefängniszelle eintauschen muss. Sie hat in einem entscheidenden Moment mutig gehandelt, um anderen Menschen zu helfen, und war bereit, die Konsequenzen dafür zu tragen. Allerdings ist es eine

Schande für Europa, dass dieses Heldentum nötig wurde, weil niemand die Verantwortung für die Menschen auf dem Boot übernehmen wollte.

Manchmal ist die Einmischung einzelner Bürgerinnen und Bürger gefragt, ohne dass das etwas mit dem Versagen des Staates zu tun hätte. Etwa, wenn hinter verschlossenen Türen Verbrechen geschehen, von denen die Nachbarn zufällig etwas mitbekommen. Oder beim nachbarschaftlichen Engagement im Rahmen der Corona-Pandemie.

Doch es gibt eben auch Situationen, in denen verantwortliches Handeln notwendig ist, weil die Institutionen versagen oder, schlimmer, gar für die Lage verantwortlich sind. In solch einer Situation steckte Carola Rackete. Es muss unser aller Anliegen sein, auf unsere Institutionen einzuwirken, dass so etwas möglichst nicht wieder vorkommt. Das würde Menschen wie Carola Rackete in Zukunft davor schützen, eine Heldin sein zu müssen.

Das zweite Beispiel ist ein Held, dem ich mich erst im Rahmen der Recherchen zu diesem Buch angenähert habe und der viel mehr Aufmerksamkeit verdient hat. Es handelt sich um Georg Elser. Nicht nur, weil er schon vor dem Zweiten Weltkrieg und dem Holocaust sah, was viele Deutsche selbst danach nicht sehen wollten. Nicht nur, weil er bereit war, den Tyrannenmord anzugehen und dabei sein Leben zu lassen. Nicht nur, weil er das Ganze aus einem Denken heraus betrieben hat, das die Werte der Bundesrepublik bereits so wunderbar verkörperte, als an ein demokratisches Deutschland kaum zu denken war. Und auch nicht, weil er zu diesen Werten in den Verhören und unter der Folter stand. Obwohl all das bei Weitem ausreichen würde.

An Elsers Geschichte finde ich ganz besonders bemerkenswert, dass er alles tat, um die Menschen in seiner Umgebung zu schützen – sogar ihm Unbekannte, die unter den Verdacht geraten könnten, an dem Attentat beteiligt gewesen zu sein.

Zu diesem Zweck sprach er nicht nur mit keinem über seine Pläne, sondern er behielt sogar gezielt einige Gegenstände bei sich, die seine Täterschaft belegten. Zwar versuchte er zu fliehen und wurde kurz vor der Grenze zur Schweiz in Konstanz gefasst. Doch man darf ihm durchaus unterstellen, dass er sich gestellt hätte, wäre jemand an seiner Stelle verhaftet worden.

Was für ein Mensch. Wie traurig, dass er am 9. April 1945, weniger als einen Monat vor dem Ende des nationalsozialistischen Horrors, in Dachau hingerichtet wurde.

Elsers Schicksal ist eine Schande für die deutsche Gesellschaft bis 1945. In einer liberalen Demokratie wäre Elser niemals in die Situation gekommen, über den Tyrannenmord an Adolf Hitler nachdenken zu müssen. Stehen wir alle früh genug zusammen, muss am Ende niemand einsam dem vielköpfigen Monster entgegentreten. In Filmen und Büchern mag dieser Showdown, das Eins gegen Eins, das interessantere Ende sein, in der Realität fehlt in den meisten Fällen das Happy End.

Das dritte Beispiel ist Edward Snowden. Rackete und Elser haben sich den Konsequenzen ihres Handelns direkt gestellt. Snowden dagegen hat seine Veröffentlichungen aus sicherer Distanz vorangetrieben. Trotzdem ist er deswegen kein feiger Heckenschütze, wie manche bösen Zungen behaupten. Auch er ist ein Held, weil er uns die Möglichkeit gegeben hat zu verstehen, was Geheimdienste mit unseren Daten machen, und dafür bis heute unter den Konsequenzen seines Handelns leidet.

Es ist eine Schande für die gesamte westliche Welt, dass Snowden bis heute in Russland lebt, weil ihm aus Angst vor dem Zorn der amerikanischen Regierung niemand Asyl gewährt. Auch nicht Deutschland. Es ist eine Schande, dass Snowdens heldenhaftes Handeln ihn seine Freiheit gekostet und trotzdem kaum eine Wirkung über den Tag hinaus entfaltet hat.

Der Empörung über die Enthüllungen folgte das große Schweigen. Die Geheimdienste der Welt machen weiter, als wäre nichts gewesen, und freuen sich darüber, dass es kaum noch Widerstand gibt, wenn überall Kameras mit HD-Gesichtserkennung aufgestellt werden. Jemand hat für uns etwas riskiert, und wir danken es ihm mit Ignoranz. So sollte es nicht sein.

Alle drei Beispiele haben etwas gemeinsam. Hätten die Verantwortlichen in Politik und Gesellschaft die Prinzipien verteidigt, die wir uns durch Verfassungen und Verträge gegeben haben, brauchten wir keine Helden. Helden wie Rackete, Elser und Snowden werden aus der Not heraus geboren, wenn liberale und demokratische Prinzipien versagen. Aus dieser Erkenntnis ergibt sich eine Aufgabe für die Zukunft, und zwar für uns alle. Es muss das Ziel sein, Situationen wie die beschriebenen gar nicht erst zuzulassen. Wir müssen im Sinne der Helden aus der Vergangenheit so handeln, dass in Zukunft sich niemand mehr Gewissensfragen dieses Ausmaßes stellen muss.

»Unglücklich das Land, das Helden nötig hat«, sagt Galileo Galilei in Brechts gleichnamigem Stück. Er antwortet damit auf die bereits thematisierte Aussage: »Unglücklich das Land, das keine Helden hat.« Beides ist richtig. Es kommt darauf an, in welcher Situation man sich befindet.

Ersteres passt in der funktionierenden liberalen Demokratie, Letzteres in autoritären Regimen. Ich für meinen Teil will lieber in einem Land leben, das keine Helden nötig hat. Dafür bin ich auch bereit, etwas zu tun.

Wenn eine wie auch immer geartete »dunkle Macht« bereits das Steuer übernommen hat, ist es einfacher, Menschen zu mobilisieren.

Schwieriger ist das in einer Zeit, in der dieses Szenario nur eine Option von vielen und nicht mehr als ein unscharfer Schatten an der Wand ist.

»Es wird schon nicht so schlimm kommen.« – »Das geht schon wieder vorbei.« Solche Einstellungen sind nicht besser als das Beschwören des drohenden Untergangs – wahlweise der Welt, der Demokratie, des Geldes, des christlichen Abendlandes oder wenigstens der Weihnachtsmärkte. Beide Sichtweisen sind Ausdruck eines desorientierten Bürgertums, das sich irgendwo zwischen Denkfaulheit und Panikmache eingerichtet hat. Durch seine Lethargie trägt es wesentlich dazu bei, das Fundament unserer Werte ins Rutschen zu bringen.

Das Umfeld ist derzeit noch relativ freundlich, weshalb die Risiken überschaubar sind. Noch leben wir in einer Gesellschaft, die keine Helden braucht. Noch müssen in diesem Land keine Angehörigen von Minderheiten vor einem Mob oder dem autoritären Staat versteckt werden. Noch braucht es keinen, der bereit ist, sein Leben zu opfern, um einem Unterdrückungsstaat einen Schlag zu versetzen. Noch muss niemand auswandern, um sich in Sicherheit zu bringen. Noch haben wir die Chance, es nie wieder so weit kommen zu lassen. Aber diese Chance muss genutzt werden.

Ich will damit nicht sagen, dass ohne ein verstärktes Engagement der liberalen Mitte der Weg in den Autoritarismus vorgezeichnet wäre. Doch zumindest ist diese Option nicht völlig abwegig. Es wäre historisch betrachtet ziemlich dämlich, wenn ausgerechnet die Deutschen mit ihren umfassenden Erfahrungen nicht alles dafür tun würden, diesen Weg tatsächlich nie wieder zu beschreiten.

Greta Thunberg hat gesagt: »Ich will, dass ihr in Panik geratet.« Von dieser Art der Angstmache halte ich nichts. Ich wünsche mir, dass wir gemeinsam Verantwortung übernehmen. Emotionen sind wichtig, auch in der Demokratie. Aber wir dürfen uns nicht von ihnen überwältigen lassen.

DANK

Dieses Buch hat zwar nur einen Autor, ist aber doch ein echtes Gemeinschaftsprojekt. Viele Menschen haben über die Jahre mitgeholfen mit Hinweisen und Ideen, Namen und Einordnungen. Stellvertretend möchte ich Siegfried Herzog nennen, der mit Hinweisen zu spannenden Persönlichkeiten aus Mittelalter und früher Neuzeit wesentlich dazu beitrug, blinde Flecken zu beseitigen. Es soll mir niemand mehr erzählen, soziale Netzwerke hätten keine positiven Seiten. Denn ohne diese und die Menschen, die sie ausmachen, sähe dieses Buch anders aus.

Dank gilt ebenfalls all denjenigen, die dieses Projekt professionell begleitet haben. Dazu gehören meine langjährige Agentin Hanna Leitgeb und Florian Fischer von *Droemer Knaur*, die mit mir gemeinsam an dieses Projekt geglaubt haben. Dazu gehört außerdem meine Lektorin Claudia Krader, die in einer schwierigen Situation eingesprungen ist und mit Ruhe und Professionalität geholfen hat, das Projekt über die Ziellinie zu bringen.

Ganz besonderer Dank gilt meiner Frau. Buchprojekte lassen sich selten in Zeitfenstern zwischen 9 und 17 Uhr umsetzen. Gerade die letzten Wochen vor Abgabe, genau während des Corona-Lockdowns, waren nicht vergnügungssteuerpflichtig. Ich kann nur mit großer Demut feststellen: Ohne die Unterstützung zu Hause wäre dieses Buch nicht möglich gewesen. Vielen Dank für alles!

Christoph Giesa,
April 2020

Maren Urner

SCHLUSS MIT DEM TÄGLICHEN WELTUNTERGANG

Wie wir uns gegen die digitale Vermüllung unserer Gehirne wehren

Warum wir vor lauter News die Nachrichten übersehen

Klimaerwärmung, Terror, Flüchtlingskrise, Insektensterben: Wer die Nachrichten verfolgt, bekommt den Eindruck, dass wir alle dem Untergang geweiht sind. Das überfordert uns und lässt uns hilflos zurück. Denn unser Gehirn reagiert jedes Mal automatisch mit einem Fluchtinstinkt. Die Neurowissenschaftlerin Maren Urner beschreibt, wie die alltägliche Informationsflut unserem Hirn schadet, und zeigt zugleich neue Wege aus der digitalen Abhängigkeit und Überforderung – sodass wir den Herausforderungen unserer Zeit nicht mehr dauergestresst und zynisch, sondern kritisch und konstruktiv begegnen.

»Sobald mich meine Berufskrankheiten Zorn, Angst oder Verzweiflung befallen, lese ich Maren Urner. Klug und mit frischer Schärfe zeigt sie, was ein verantwortungsvoller Journalismus leisten kann.«
Hajo Schumacher

Yasha Mounk
DER ZERFALL DER DEMOKRATIE
Wie der Populismus den Rechtsstaat bedroht

Unsere Freiheit steht auf dem Spiel

Die Demokratie steckt in einer tiefen Krise. Die Zahl der Protestwähler steigt, Populisten erstarken, traditionelle Parteiensysteme kollabieren. Klug und scharfsinnig untersucht der renommierte Harvard-Politologe Yascha Mounk diesen alarmierenden Zustand.

»Klar und deutlich zeigt Mounk die komplexen Mittel der Zerstörung von Rechtsstaatlichkeit auf – und benennt Maßnahmen zu deren Rettung.« *Die Zeit*

»Mounks Buch mündet weder in Fatalismus noch in trotzigem Optimismus, sondern in konstruktiven Vorschlägen, die jeder Diskussion und jedes Engagements wert sind.« *Andreas Zielcke, Süddeutsche Zeitung*

»Eine brillante und aufrüttelnde Analyse unserer politisch aufgeheizten Gegenwart.« *Deutschlandfunk Kultur*

»Wir hatten vergessen, dass Volksherrschaft und Liberalismus nicht untrennbar sind. Yascha Mounk erinnert uns daran.« *Frankfurter Allgemeine Sonntagszeitung*

Sarah Spiekermann
DIGITALE ETHIK
Ein Wertesystem für das 21. Jahrhundert

»Fortschritt braucht Weisheit und Mut –
Maschinen fehlt beides.«
Sarah Spiekermann

Apps, die unaufgefordert Informationen zuschicken; Autos,
die von Google-Rechnern gesteuert werden; IT-Systeme, die
Arbeitnehmer in die Depression treiben – immer mehr Menschen fragen: Was macht die Digitalisierung mit mir und meinem Leben?
Sarah Spiekermann, die renommierte Expertin für ethische
Technikentwicklung, fordert: Wir müssen mehr denn je die
Werte hinterfragen, die durch Technik entstehen – dabei geht
es nicht um Geld oder Effizienz. Sondern um Zufriedenheit,
Gemeinschaft und Wissen. Nur so können wir in einer digita-
lisierten Welt ein gutes Leben führen.